国家社科基金
GUOJIA SHEKE JIJIN HOUQI ZIZHU XIANGMU
后期资助项目

国家社会科学基金后期资助项目（22FGLB074）

经济高质量发展背景下金融科技与信贷资源配置研究

解维敏　著

中国财经出版传媒集团
中国财政经济出版社
·北　京·

国家社科基金后期资助项目
出版说明

后期资助项目是国家社科基金设立的一类重要项目，旨在鼓励广大社科研究者潜心治学，支持基础研究多出优秀成果。它是经过严格评审，从接近完成的科研成果中遴选立项的。为扩大后期资助项目的影响，更好地推动学术发展，促进成果转化，全国哲学社会科学工作办公室按照“统一设计、统一标识、统一版式、形成系列”的总体要求，组织出版国家社科基金后期资助项目成果。

全国哲学社会科学工作办公室

前　言

党的二十大报告指出，高质量发展是全面建设社会主义现代化国家的首要任务。发展是党执政兴国的第一要务。没有坚实的物质技术基础，就不可能全面建成社会主义现代化强国。必须完整、准确、全面贯彻新发展理念，坚持社会主义市场经济改革方向，坚持高水平对外开放，加快构建以国内大循环为主体、国内国际双循环相互促进的新发展格局。我们要坚持以推动高质量发展为主题，把实施扩大内需战略同深化供给侧结构性改革有机结合起来，增强国内大循环内生动力和可靠性，提升国际循环质量和水平，加快建设现代化经济体系，着力提高全要素生产率，着力提升产业链供应链韧性和安全水平，着力推进城乡融合和区域协调发展，推动经济实现质的有效提升和量的合理增长。

企业是市场经济重要主体之一，企业高质量发展关系着经济高质量发展的实现，企业高质量发展需要外部信贷资源的支持。然而，我国以银行为主导的金融体系对信贷资源的配置表现不佳，融资模式与金融供求不平衡成为制约中国经济高质量发展的关键因素，探讨改善信贷资源配置的路径不仅是学术界需要研究的重要问题，也是提高信贷资源配置效率，增强金融体系服务实体经济功能，实现经济高质量发展的关键课题。此外，供给侧结构性改革是当前转变发展方式、优化经济结构、转换增长动力的主线，而供给侧结构性改革的核心内容之一是金融业改革，深化金融供给侧结构性改革，推动我国金融业健康发展，提升金融业服务水平，提高金融服务实体经济能力，对推动和实现经济高质量发展具有重大意义。随着互联网、大数据、云计算、人工智能、区块链等新兴技术广泛应用于金融领域，我国金融部门正进入全新的数字化时代，金融科技这一金融（Finance）+技术（Technology）的新型金融模式应运而生，金融科技的快速发展颠覆了金融机构传统的经营理念和服务模式，其经济效应也受到广泛关注。在经济高质量发展背景下，金融科技作为科技与金融融合的新产物，其对传统金融部门颠覆性的变革能否改善金融市场信贷资源配置效率，进而更好地服务实体经济？对于这一问题的研究具有明显的理论意义和实践价值。因此，本书从民营企业融资约束、僵尸企业治理、企业去杠杆、企业“脱虚向实”、企业银行借款以及短债长用的视角出发，系统研究了金融科技对信贷资源配置的影响。

在理论分析的基础上，本书利用我国非金融类 A 股上市公司数据，对经济高质量发展背景下金融科技与信贷资源配置进行了实证检验，研究发现：(1) 金融科技的发展能够显著缓解民营企业融资约束，并且该作用对东部地区企业、规模较小企业、年龄较小企业更为显著。进一步研究发现，金融科技通过缓解民营企业信息不对称程度与降低民营企业委托代理成本进而缓解民营企业融资约束。(2) 金融科技能够抑制僵尸企业形成，且相较于民营僵尸企业，金融科技对国有僵尸企业形成的抑制作用更显著。此外，银行竞争与金融科技存在协同效应，激烈的银行竞争有助于强化金融科技对僵尸企业形成的抑制作用。作用机制研究发现，金融科技能够通过降低地方政府干预金融资源配置的能力、缓解金融机构与企业间信息不对称进而治理僵尸企业。进一步研究表明，金融科技抑制僵尸企业形成还会产生正向溢出效应，有助于缓解其他正常企业的融资约束。(3) 金融科技能够促进企业去杠杆。同时，金融科技对企业去杠杆的促进作用在东部地区企业、国有企业、大型企业中更显著，且这种作用体现在企业短期杠杆率的显著下降。作用机制研究表明，金融科技通过提高企业信息透明度、抑制管理层机会主义行为，最终促使企业进行自身杠杆水平的调整，促使企业去杠杆。进一步研究发现，金融科技在合理的金融监管约束下更有助于促进企业去杠杆。(4) 金融科技显著抑制了企业金融化水平，有利于引导企业“脱虚向实”。机制检验发现，金融科技能够降低信息不对称水平，减轻企业与债权人之间的代理问题以及缓解企业融资约束，抑制企业投资风险更高的金融资产。异质性分析发现，对于信贷地位处于劣势、行业竞争水平更加激烈以及市场化水平较低地区的企业而言，金融科技对企业“脱虚向实”的促进作用更加显著。进一步分析发现，金融科技主要抑制了企业投资投机型金融资产，而对企业投资保值型金融资产没有显著影响。(5) 金融科技显著提高了企业银行借款尤其是长期借款和信用借款的可获得性。进一步研究发现，金融科技发展对企业银行借款的影响更多体现在中小型企业、固定资产占比较低企业以及非僵尸企业中。机制分析表明，在信息不对称更为严重时，金融科技更能提高企业银行借款可获得性，从而表明该作用是通过缓解信息不对称得以实现的。(6) 金融科技的发展有利于抑制企业短债长用，且这种作用通过扩大长期借款占比、促进银行业竞争、缓解信息不对称水平三条路径来实现。异质性分析发现，在非国有企业、CEO 没有金融背景的企业以及市场化水平较高地区的企业中，金融科技对企业短债长用的抑制作用更加显著。进一步分析表明，在金融科技作用下，企业短债长用程度的下降有利于提高财务业绩，降低企业破产风险。

本书的研究结论丰富了金融科技的经济效应研究文献，为理解信贷资源配置影响因素提供了新的视角，此外，本研究也具有明显的实践价值。党的二十大报告提出“高质量发展是全面建设社会主义现代化国家的首要任务”，其中，金融要为经济社会发展提供高质量服务。针对当前金融高质量发展形势，2023 年 10 月召开的中央金融工作会议强调金融是国民经济的血脉，是国家核心竞争力的重要组成部分，要加快建设金融强国，要做好科技金融、绿色金融、普惠金融、养老金融、数字金融五篇大文章。本书为上述重大理论观点提供了经验证据支持，也为如何推动金融供给侧改革、发展金融科技、提高信贷资源配置效率与实现经济高质量发展提供了政策启示。

作　者

2025 年 3 月

目　录

第一章 引言

第一节 研究背景与研究意义

党的二十大报告指出，高质量发展是全面建设社会主义现代化国家的首要任务。发展是党执政兴国的第一要务。没有坚实的物质技术基础，就不可能全面建成社会主义现代化强国。必须完整、准确、全面贯彻新发展理念，坚持社会主义市场经济改革方向，坚持高水平对外开放，加快构建以国内大循环为主体、国内国际双循环相互促进的新发展格局。我们要坚持以推动高质量发展为主题，把实施扩大内需战略同深化供给侧结构性改革有机结合起来，增强国内大循环内生动力和可靠性，提升国际循环质量和水平，加快建设现代化经济体系，着力提高全要素生产率，着力提升产业链供应链韧性和安全水平，着力推进城乡融合和区域协调发展，推动经济实现质的有效提升和量的合理增长①。

作为市场经济的微观主体，企业高质量发展关系着经济高质量的实现。企业高质量发展需要外部信贷资源的支持，然而，我国以银行为主导的金融体系对信贷资源的配置效率不佳。第一，政府干预下的预算软约束与硬约束共存使信贷资源配置缺乏公平性，私有产权获得的信贷支持与其经济贡献不符，这种所有制歧视导致战略性新兴产业和民营企业融资约束严重（Allen 等，2005；苟琴等，2014）。第二，信贷资源配置低效率使具有信贷优势的企业容易出现债务堆积现象，抬高了企业不合理杠杆水平，引导信贷资源向特定领域积聚（聂辉华等，2016；王万珺和刘小玄，2018）。第三，银行等传统金融机构的风险规避性使其对高风险贷款持谨慎态度，导致其在向企业提供贷款时存在发展阶段和融资需求不匹配现象。企业在创业初期面临高风险和不确定性，缺乏质押物，但对资金需求

① https：//www. gov. cn/xinwen/2022 - 10/25/content_5721685. htm.

强烈，此时银行往往认为向此类企业提供贷款风险较大，从而倾向于拒绝贷款或提供少量贷款。这种信贷资源的阶段性错配使企业在发展初期更难获得贷款，而在成熟期资金又过度充裕，这导致信贷资源难以及时流向最需要的领域，抑制了创新和创业活动（李逸飞等，2022；陈熠辉等，2023）。较低的信贷资源配置效率成为制约中国经济高质量发展的主要因素，探讨改善信贷资源配置的途径不仅是学术界需要研究的重要问题，也是强化金融体系服务实体经济功能，实现经济高质量发展的关键课题。

供给侧结构性改革是当前转变发展方式、优化经济结构、转换增长动力的主线，而供给侧结构性改革的核心内容之一是金融业改革。金融要为经济社会发展提供高质量服务，金融是资源配置的枢纽，更是现代经济的核心。传统金融部门在服务实体经济过程中普遍存在属性错配、领域错配、阶段错配等结构性错配问题（唐松等，2020）。随着互联网、大数据、云计算、人工智能、区块链等新兴技术应用于金融领域以及数字强国战略的不断深化，我国金融部门已进入数字化时代，金融科技这一金融（Finance）+技术（Technology）的新型金融模式应运而生，并已经成为推动金融高质量发展的重要驱动力。2022 年 1 月，中国人民银行发布《金融科技发展规划（2022—2025 年）》（以下简称《规划》），为金融科技未来的发展指明了方向，旨在通过金融科技的创新和应用，进一步优化金融服务和资源配置效率，促进金融市场的稳定与健康发展。《规划》强调，要以习近平新时代中国特色社会主义思想为指导，全面贯彻党的十九大和十九届历次全会精神，坚持创新驱动发展，坚守为民初心、切实履行服务实体经济使命，高质量推进金融数字化转型，健全适应数字经济发展的现代金融体系，为构建新发展格局、实现共同富裕贡献金融力量①。2023 年 9 月，国务院印发《关于推进普惠金融高质量发展的实施意见》，提出“强化科技赋能普惠金融，支持金融机构深化运用互联网、大数据、人工智能、区块链等科技手段，优化普惠金融服务模式，改进授信审批和风险管理模型，提升小微企业、个体工商户、涉农主体等金融服务可得性和质量”②。金融科技的快速发展颠覆了金融机构原有的经营理念和服务模式，金融科技的经济效应也受到广泛关注。

金融科技本质是技术创新对金融业的变革，而金融在信贷资源配置中的基础性作用决定了金融科技必然会影响微观企业融资行为。关于金融科

---

① https：//www. gov. cn/xinwen/2022 -01/05/content_5666525. htm.

② https：//www. gov. cn/zhengce/content/202310/content_6908495. htm.

技微观经济效应的研究发现，分布式账户、区块链等新兴技术的应用不仅改变了金融体系运行规律，也能显著提高金融活动的透明度，扩大金融服务边界（赵涛，2020），提升信息传递质量（黄锐等，2020），缓解民营企业融资约束（解维敏等，2021）、促进企业创新（唐松等，2020）、提高中小企业效率（Abbasi 等，2021）、增加创业（谢绚丽等，2018）。然而，金融科技的快速发展同样也会带来新的挑战，廖理（2014）认为金融科技发展会加剧企业信贷供给中的地域歧视现象。龚晓叶和李颖（2020）研究发现，以大数据为基础的用户画像技术容易出现服务目标偏移、金融排斥等问题。因此，在经济高质量发展背景下，金融科技作为科技与金融融合的新产物，其对传统金融部门颠覆性的变革能否改善金融市场信贷资源配置，起到更好服务实体经济的作用？对于这一问题的研究具有明显的理论意义和应用价值。因此，本书从民营企业融资约束、僵尸企业治理、企业去杠杆、企业“脱虚向实”、企业银行借款以及短债长用的视角出发，进一步研究金融科技对信贷资源配置的影响。

在理论框架的基础上，本书运用上市公司数据实证检验了金融科技对信贷资源配置的影响，形成了丰富的研究结论，并提出了经济高质量发展背景下推动金融科技发展、优化我国信贷资源配置效率的政策建议。具体来说，本书以我国非金融类 A 股上市公司为样本，理论分析和实证检验了经济高质量发展背景下金融科技对信贷资源配置的影响，研究发现：（1）金融科技能够显著缓解民营企业融资约束。而且，金融科技对民营企业融资约束的影响对东部地区企业、规模小企业和年龄较小企业更为显著。进一步研究发现，金融科技通过缓解民营企业信息不对称程度与降低民营企业委托代理成本进而缓解民营企业融资约束；（2）金融科技能够有效抑制僵尸企业形成，且这种抑制作用对银行竞争程度高地区的企业以及国有僵尸企业形成更显著。机制检验发现，金融科技通过降低政府干预金融资源配置的能力、缓解金融机构与企业之间信息不对称，进而发挥对僵尸企业形成的抑制作用。进一步研究表明，抑制僵尸企业形成具有明显的信贷溢出效应，有助于缓解正常企业融资约束；（3）金融科技显著促进了企业去杠杆。异质性分析表明，金融科技对企业去杠杆的影响在东部地区企业、国有企业和大型企业中更为显著，并且这种效应体现在企业短期杠杆率的显著下降。作用机制研究发现，金融科技通过提高企业信息透明度、抑制管理层机会主义行为，进而降低企业杠杆率。进一步研究发现，金融科技在合理的金融监管约束下更能发挥去杠杆作用；（4）金融科技显著促进了企业“脱虚向实”，并且，降低信息不对称程度、减轻企业与债权人代理问题以及缓解企业融资约束是金融科技改变企业投资结构，促进企业“脱虚向实”的主要路径机制。异质性检验表明，金融科技在信贷地位较低的企业、竞争程度高的行业以及市场化水平较低的地区中发挥的作用更大。进一步分析发现，金融科技的发展能够显著抑制企业投资投机型金融资产，而对投资保值型金融资产没有显著影响；（5）金融科技显著提高了企业银行借款尤其是长期借款和信用借款的可获得性。异质性分析表明，金融科技发展对企业银行借款的影响更多体现在中小型企业、固定资产占比较低的企业以及非僵尸企业中。机制分析表明，在信息不对称更为严重时，金融科技更能提高企业银行借款可获得性，从而表明该作用是通过缓解信息不对称得以实现的；（6）金融科技能够显著抑制企业短债长用，且该结论在一系列稳健性检验后依然存在。作用机制检验表明，金融科技通过扩大企业长期借款比例、促进银行业竞争以及缓解信息不对称三条路径影响企业短债长用。异质性分析表明，金融科技对企业短债长用的抑制作用在非国有企业、CEO 没有金融背景的企业以及市场化水平较高地区的企业中更显著。进一步分析发现，短债长用水平的下降有利于提高财务绩效，降低企业破产风险。

本书的研究意义在于：第一，现有文献关于金融科技经济影响的研究并没有得到一致的研究结论，本书基于信贷资源配置视角考察了金融科技对企业银行借款和融资约束的影响、金融科技对企业去杠杆和僵尸企业的治理效应以及金融科技对企业“脱虚向实”和短债长用的作用效果，研究结论丰富了金融科技的经济效应研究；第二，本书立足于中国金融市场信贷资源错配的特征事实，以民营企业融资约束、僵尸企业治理、企业去杠杆、企业“脱虚向实”、企业银行借款、企业短债长用为切入点，系统论证和检验了金融科技对信贷资源属性错配、领域错配和阶段错配的实际影响及内在机制，研究结论为深入理解信贷资源配置影响因素提供了新的视角，同时，为缓解我国信贷资源配置中的结构性问题、提高信贷资源配置效率提供了新的思路；第三，本研究具有明显的实践价值。党的二十大报告提出“高质量发展是全面建设社会主义现代化国家的首要任务”。其中，金融要为经济社会发展提供高质量服务。本书不仅为党中央重大理论观点提供了经验证据支持，也为如何推动金融供给侧改革、发展金融科技、提高信贷资源配置效率与实现经济高质量发展提供了政策启示，具有明显的现实意义。

第二节 研究框架

本书共分为以下十章：

第一章，引言。本章介绍了本书的研究背景与研究意义，阐述了本书的研究思路，归纳了本书研究结论可能的贡献与创新。

第二章，理论框架。本章介绍了经济高质量发展的内涵，以及在经济高质量发展背景下优化信贷资源配置的必要性，并进一步阐述了中国信贷资源结构性错配的现状和本书选择具体研究视角的理论依据。

第三章，文献综述。本章首先对金融科技相关文献进行综述，介绍了金融科技的基本概念和业务模式，回顾了金融科技的理论研究。其次对信贷资源配置相关研究进行综述，介绍了金融科技的经济影响。相关文献的回顾与分析为本研究提供了重要的参考价值。

第四章，金融科技与民营企业融资约束。民营企业深受“融资难、融资贵”问题的困扰。缺乏政府支持的民营企业和发展规模受限的小微企业通常受到银行授信限制，普遍采取成本更高的融资方式，导致在面临良好投资机会时出现融资约束问题。基于此，本章对金融科技如何影响信贷资金筹集与资金投放过程进行了研究，进而对金融科技对民营企业融资约束的影响及作用机制进行了探讨。

第五章，金融科技与僵尸企业治理。在我国经济增速放缓的新常态发展阶段，部分行业产能过剩致使我国经济发展面临巨大的下行压力。僵尸企业效率低下、连年亏损、资不抵债、占用大量信贷资源是导致产能过剩的关键要素，且企业“僵而不死”的负外部性严重阻碍了经济社会的高质量发展，治理僵尸企业对实现经济高质量发展具有明显的现实意义。基于此，本章对金融科技对僵尸企业的治理效应及作用机制进行了研究。

第六章，金融科技与企业去杠杆。2015 年，中央经济工作会议提出“三去一降一补”的工作任务，将去杠杆确定为五大任务中的重要内容。2016 年 12 月，中央经济工作会议进一步指出“去杠杆方面，要在控制总杠杆率的前提下，把降低企业杠杆率作为重中之重”。由此可见，释放错配信贷资源、降低高杠杆企业杠杆率成为我国经济高质量发展的关键一环。本章结合国家去杠杆的战略背景，系统研究金融科技对微观企业去杠杆行为的影响及内在作用机理。

第七章，金融科技与企业“脱虚向实”。实体经济是一国经济的立身之本，发展实体产业涉及具体物质财富的生产和分配，对国家和社会的稳定与发展至关重要。然而，在短期逐利的目标下，部分企业更倾向于投资能够快速获利的金融资产，而忽视对实物资产的投资。资金过多集中于金融领域是信贷资源领域错配的直接体现，可能导致实体经济领域的投资和创新意愿不足，影响实体产业的发展水平和国际竞争力。金融科技通过创新性的金融工具和平台，提供更便捷、高效的融资渠道，改变了企业对不同资产类型的投资意愿。基于此，本章对金融科技对企业“脱虚向实”的影响进行了研究，并对金融科技改变企业投资意愿的内在逻辑和作用机制进行了探讨。

第八章，金融科技与企业银行借款。在传统金融业务模式和技术应用的制约下，银企间的信息不对称使银行承担着较高的贷款成本，导致银行借款并不能有效满足企业融资需求，制约了企业发展。而“大、智、移、云”等新兴技术在金融行业的应用，弥补了传统金融服务的短板，成为缓解银企间信息不对称的重要途径。基于此，本章主要结合经济高质量发展的现实背景，重点从银行借款规模、银行借款期限结构与银行借款类型三方面对金融科技对银行借款的实际效应进行了研究。

第九章，金融科技与企业短债长用。企业过度依赖短期债务，将使其对经济周期的波动更加敏感，积聚大量不良资产，进而对金融系统的稳定性带来负面影响。合理配比企业投融资期限旨在提高信贷资源的配置效率，降低系统性风险，并促进经济的高质量发展。金融科技的不断创新可以帮助企业缓解长期依赖短期债务的问题，通过扩展多样化的融资渠道，提供更便捷的融资途径，能够降低企业融资成本、改善资金流动性，并有助于优化企业投融资期限结构。基于此，本章对金融科技对企业短债长用的治理作用及作用机制进行了研究，并进一步对合理配比企业投融资期限的经济效应进行了探讨。

第十章，研究结论与政策启示。本章对全书进行了总结，结合研究结论提出了政策启示，指出了本研究中尚存的不足，并给出了未来的研究方向。

本书的研究框架如图 1-1 所示。

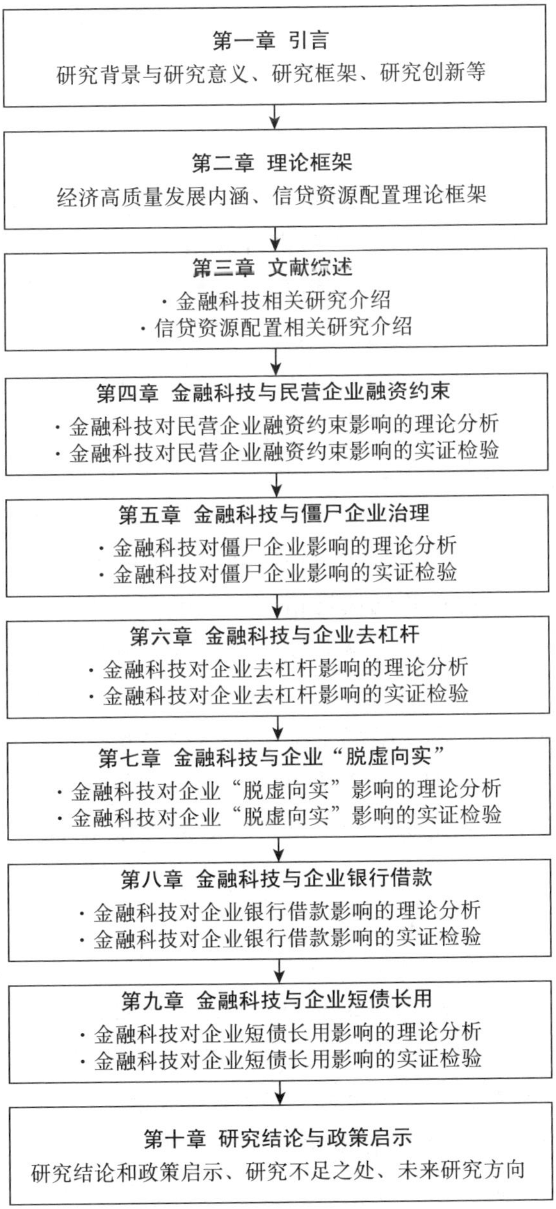
第一章 引言
研究背景与研究意义、研究框架、研究创新等
第二章 理论框架
经济高质量发展内涵、信贷资源配置理论框架
第三章 文献综述
· 金融科技相关研究介绍
· 信贷资源配置相关研究介绍
第四章 金融科技与民营企业融资约束
· 金融科技对民营企业融资约束影响的理论分析
· 金融科技对民营企业融资约束影响的实证检验
第五章 金融科技与僵尸企业治理
· 金融科技对僵尸企业影响的理论分析
· 金融科技对僵尸企业影响的实证检验
第六章 金融科技与企业去杠杆
· 金融科技对企业去杠杆影响的理论分析
· 金融科技对企业去杠杆影响的实证检验
第七章 金融科技与企业"脱虚向实"
· 金融科技对企业"脱虚向实"影响的理论分析
· 金融科技对企业"脱虚向实"影响的实证检验
第八章 金融科技与企业银行借款
· 金融科技对企业银行借款影响的理论分析
· 金融科技对企业银行借款影响的实证检验
第九章 金融科技与企业短债长用
· 金融科技对企业短债长用影响的理论分析
· 金融科技对企业短债长用影响的实证检验
第十章 研究结论与政策启示
研究结论和政策启示、研究不足之处、未来研究方向

图 1-1 本书的研究框架

第三节　研究方法与技术路线

一、研究方法

本书采用规范研究与实证研究相结合的方法，具体分为以下三种：

1. 文献研究方法。通过回顾国内外相关研究文献，本书梳理了现有研究的主要发现和观点，从中提炼出对金融科技与信贷资源配置关系的深入理解。在总结研究动态的过程中，本书特别关注了相关研究领域的最新趋势和热点问题，指出了当前研究中存在的一些局限性和待解决的问题。同时，本书也对国内外研究方法和实证结果进行了比较和分析，为构建理论分析框架提供了重要参考。

2. 规范研究方法。本书第二章对经济高质量发展与信贷资源配置领域的理论文献进行了归纳整理，对经济高质量发展的内涵进行了界定，在此基础上，从信贷资源配置的属性错配、领域错配和阶段错配三个维度出发搭建了本书的理论框架，并从制度环境、技术发展、市场需求等方面全面揭示了金融科技在信贷资源配置中的作用机制。在第四章至第九章中，本书进一步在现有理论和文献的基础上推导本书的研究假设，从民营企业融资约束、僵尸企业治理、企业去杠杆、企业“脱虚向实”、企业银行借款、企业短债长用等视角研究金融科技对信贷资源配置的实际效应及内在的影响机制，并分析在不同场景下，金融科技对信贷资源配置影响的非对称效应，为实证研究打下了坚实的理论基础。

3. 实证研究方法。本书采用双重差分（DID）模型、倾向得分匹配（PSM）方法、熵平衡法、Probit 模型、多元线性回归等实证研究方法进行研究，并利用工具变量法、Heckman 两阶段回归等研究方法控制内生性问题。通过采用这些方法，本书可以更准确地估计金融科技对信贷资源配置的影响，排除潜在的混杂因素和度量误差。这些实证研究方法的综合运用，为本书在探讨金融科技与信贷资源配置关系的研究中提供了可靠的分析工具和方法支持，使研究结果更加科学和具有说服力。

二、技术路线

本书的技术路线如图 1－2 所示。

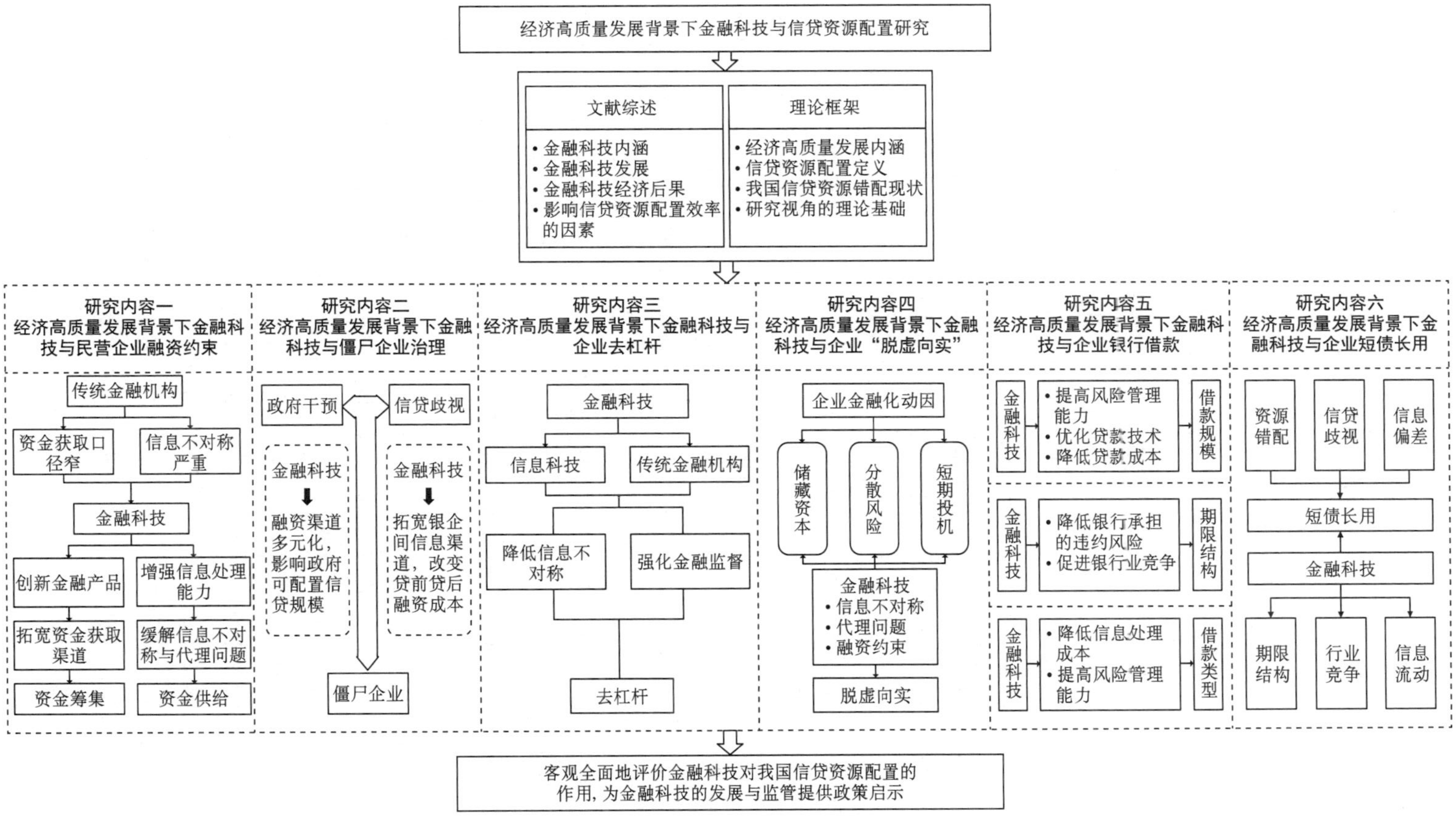
经济高质量发展背景下金融科技与信贷资源配置研究
文献综述
• 金融科技内涵
• 金融科技发展
• 金融科技经济后果
• 影响信贷资源配置效率的因素
理论框架
• 经济高质量发展内涵
• 信贷资源配置定义
• 我国信贷资源错配现状
• 研究视角的理论基础
研究内容一
经济高质量发展背景下金融科技与民营企业融资约束
传统金融机构
资金获取口径窄
信息不对称严重
金融科技
创新金融产品
增强信息处理能力
拓宽资金获取渠道
缓解信息不对称与代理问题
资金筹集
资金供给
研究内容二
经济高质量发展背景下金融科技与僵尸企业治理
政府干预
信贷歧视
金融科技
融资渠道多元化，影响政府可配置信贷规模
金融科技
拓宽银企间信息渠道，改变贷前贷后融资成本
僵尸企业
研究内容三
经济高质量发展背景下金融科技与企业去杠杆
金融科技
信息科技
传统金融机构
降低信息不对称
强化金融监督
去杠杆
研究内容四
经济高质量发展背景下金融科技与企业“脱虚向实”
企业金融化动因
储藏资本
分散风险
短期投机
金融科技
• 信息不对称
• 代理问题
• 融资约束
脱虚向实
研究内容五
经济高质量发展背景下金融科技与企业银行借款
金融科技
• 提高风险管理能力
• 优化贷款技术
• 降低贷款成本
借款规模
金融科技
• 降低银行承担的违约风险
• 促进银行业竞争
期限结构
金融科技
• 降低信息处理成本
• 提高风险管理能力
借款类型
研究内容六
经济高质量发展背景下金融科技与企业短债长用
资源错配
信贷歧视
信息偏差
短债长用
金融科技
期限结构
行业竞争
信息流动
客观全面地评价金融科技对我国信贷资源配置的作用，为金融科技的发展与监管提供政策启示

图 1－2　本书的技术路线

第四节 研究创新

本书的创新之处体现在研究结论的学术贡献和实践启示两个方面。

一、研究结论的学术贡献

第一，本书将金融科技纳入企业信贷资源配置的分析框架，尽可能地拓宽研究视域，从融资约束、僵尸企业、去杠杆、脱虚向实、银行借款、短债长用多角度分析金融科技对信贷资源配置的影响，从微观层面验证了金融科技对金融服务实体经济能力的提升效果。

第二，现有关于金融科技影响企业融资的文献，鲜有针对民营企业进行深入研究，本书基于民营企业对我国经济的重要性和民营企业融资难的现实，研究金融科技对民营企业融资约束的影响，研究结论既丰富了金融科技经济后果相关研究文献，也拓展了民营企业融资约束相关研究。此外，本书对金融科技对民营企业融资约束的作用是“锦上添花”还是“雪中送炭”进行了检验，研究结论表明，金融科技对民营企业融资约束存在异质性，这为全面认识金融科技的作用提供了新的证据。

第三，传统金融系统的固有弊端导致金融体系在服务实体经济过程中存在一系列结构性错配问题，金融科技能否借助科技赋能金融机构的优势缓解这些不足，进而深化供给侧结构性改革、推动经济高质量发展仍有待研究。本书对金融科技对僵尸企业治理的影响进行了检验，既是对金融科技经济影响领域文献的有益补充，也为金融系统改革、助力经济高质量发展提供了微观层面的经验证据。此外，已有文献大多基于内部治理和外部监管的视角探讨如何治理僵尸企业，本书立足于我国现实背景，综合考虑政府、银行和僵尸企业的三方博弈，挖掘僵尸企业形成的深层次原因，为治理僵尸企业提供了新的思路。

第四，现有研究大多从制度环境、宏观经济政策、产权性质、治理机制等层面探讨企业去杠杆的影响因素，鲜有文献探讨新兴科技赋能金融机构如何影响微观企业调整杠杆率的动机与效果。本书实证检验了金融科技对企业去杠杆的经济效应与内在机制，并探索不同场景下金融科技对企业去杠杆的异质性作用效果。本书的研究结论丰富了企业去杠杆影响因素的研究成果，深化了对金融科技如何在不同市场环境下通过提高资金使用效率和降低融资成本支持企业去杠杆的理解，拓宽了中国企业结构性债务问题的研究思路。

第五，随着实体企业投资金融资产的趋势越发明显，如何引导企业“脱虚向实”，防范系统性金融风险，成为当前亟须解决的重要问题之一。现有文献基于宏观经济环境以及微观企业特征等不同视角探讨了影响企业“脱虚向实”的因素，而本书重点探讨了金融科技对企业“脱虚向实”的作用效果，在数字技术与金融发展相结合的背景下为促进实体经济发展提供了新思路。此外，本书从企业投资金融资产的动机出发，深入探讨金融科技如何影响企业投资选择，为引导金融科技与实体经济的深度融合，建立开放、透明、稳定的金融市场环境，促进经济的高质量发展提供了经验证据和有益参考。

第六，尽管部分学者探讨了金融科技与信贷供给之间的关系，但已有文献大多从银行的角度分析金融科技对银行信贷业务的影响，而本书则从企业视角出发，系统探讨了金融科技发展对企业银行借款总体规模、期限结构以及借款类型的影响，进一步丰富了金融科技与信贷供给领域的文献。

第七，企业短债长用是投融资期限错配的直接表现，不利于企业长期健康发展和金融市场稳定。本书将治理企业短债长用的研究视角扩展到金融机构层面，探讨金融科技对投融资期限错配的优化作用，丰富了企业短债长用影响因素的相关研究。此外，本书结合金融科技发展的市场环境和企业特征，进一步探讨金融科技影响企业短债长用的异质性作用和潜在经济后果，旨在为金融监管部门和企业提供更全面的政策指导和风险管理建议，促进投融资期限匹配的有效实施，从而增进金融体系的稳定性和可持续发展。

二、实践启示

首先，本书采用科学的研究方法，从民营企业融资约束、僵尸企业治理、企业去杠杆、企业“脱虚向实”、企业银行借款、企业短债长用等层面系统论证和检验了金融科技如何缓解信贷资源的属性错配、领域错配和阶段错配。本书的研究结论证明金融科技能对传统金融机构有效赋能，有助于政府部门与社会公众深入理解金融科技促进经济高质量发展的内在逻辑，为促进金融科技与银行等传统金融机构深度融合、提升金融服务的普惠性和效率性、助力经济高质量发展提供政策建议。

其次，本书立足于中国金融发展制度背景，深入剖析了金融市场信贷资源属性错配、领域错配和阶段错配的特征事实，并在此基础上探讨了金融科技在微观层面的作用机制和基于不同场景的异质性作用效果。研究发现，金融科技不仅在不同金融市场和区域中表现出明显的异质性，而且在不同特征企业和不同类型的金融服务中也展现出不同作用效果。基于此，本书有助于政策制定者明确信贷资源错配动因，缓解我国信贷资源配置中的结构性问题，同时也为企业如何在数字经济时代优化债务结构、降低债务风险提供可行方案和对策建议。

最后，在金融科技助力实体经济发展的同时，不能忽视其潜在的风险因素。本书从金融安全和信贷风险、技术风险、合规要求等角度为政府和监管机构完善相关监管政策和法律框架提供重要参考，为建立健全金融科技风险管理机制、防范化解系统性金融风险、保障信贷市场的稳定和健康发展提供政策启示。

第二章　理论框架

第一节　经济高质量发展内涵

在国际环境不断波动和国内经济结构转型升级的背景下，中国经济发展过程中的不均衡、不协调、不可持续等问题日益凸显，以往依靠“规模扩张”与“要素驱动”的发展模式已难以应对经济发展的不确定性与下行压力，难以更好地满足人民对美好生活的需求。为适应社会主要矛盾转变、持续增强经济创造力与竞争力、顺利跨越中等收入陷阱，2017 年，中国共产党第十九次全国代表大会提出“我国经济已由高速增长阶段转向高质量发展阶段”。

在中国经济进入高质量发展阶段的背景下，不同领域学者对“经济高质量发展”内涵的解读不尽相同。一类研究将“经济高质量发展”定义为经济提质增效。例如，逄锦聚等（2019）认为，经济高质量发展强调在经济增长的基础上，提高效率、优化结构、改善环境，并提升人民生活水平。唐晓彬等（2020）将经济高质量发展定义为经济发展成效与成果高质量的统一，强调在保证一定经济发展速度的前提下，实现质量的优化和跨越式提升，不仅关注经济总量的扩大，更注重经济结构的优化、资源利用的效率提升、环境质量的改善等方面。另一类研究从供给侧层面定义经济高质量发展，认为经济高质量发展是能够满足人民生活的多方面需要。例如，宋国恺（2018）认为，从社会学角度来看，经济高质量发展体现在人的全面发展、社会的全面进步以及社会基础的不断强化。张军扩等（2019）研究指出，经济高质量发展是以满足人民日益增长的美好生活需要为目标的高效率、公平和绿色可持续的发展。在总结已有研究的基础上，本书认为经济高质量发展是以实现更加高效、更加公平为发展目标，以创新、协调、绿色、开放、共享的新发展理念为指导思想，在保证经济稳步增长的同时更加注重提升发展的质量、效益和可持续性，这意味着高质量发展阶段的宏观经济更加侧重优化资源配置、提高产品质量、增强创新驱动以及绿色可持续发展意识（张军扩等，2019；胡文涛和戴淑庚，2024）。

在实现经济高质量发展的过程中，金融是配置其他资源的核心要素（白钦先，1998）。金融市场能够通过促进生产要素自由流动和资源优化配置为经济发展提供动力支持，是构建新发展格局、提高经济发展质量的重要内生动力和前提条件（丁一等，2024）。具体而言，首先，金融市场作为资金的流通和配置平台，为经济体提供了资金支持和风险管理工具。金融市场通过推动生产要素的流动和优化配置，提高了生产效率和产出质量。其次，金融市场的发展激发了创新活力，促进了科技进步。金融机构与科技企业的合作与投资，推动了新技术的研发和应用，进而增强了经济体的竞争力和适应性。此外，金融市场的稳定运行为经济体提供了信心和预期，促进了投资和消费，进而推动了经济的长期增长和高质量发展。然而，中国金融体系以商业银行为主导，银行信贷是企业最主要的融资渠道（蔡庆丰等，2020）。而中国金融资源配置受到市场摩擦、区域间体制性壁垒以及政策扭曲等因素影响，金融资源的结构性问题突出，金融资源投向错配现象层出不穷（陈熠辉等，2023），导致不同特征企业获取的金融资源与其规模或效率并不对称，产出效率低的大企业能够获得大部分金融资源，而高效率的中小企业却难以获取充足资金以发展生产（靳来群，2015）。金融资源错配使资源无法按照效率原则分配以达到帕累托最优状态，使金融服务实体经济发展的效率逐步降低，这一定程度上阻碍了经济转型的步伐。

随着科技的不断发展，技术对传统金融机构的赋能为缓解金融资源错配提供了可能的途径。一方面，智能化算法和大数据分析等技术能够帮助金融机构更准确地评估风险、定价资产，从而提高金融市场的效率和透明度，降低信息不对称造成的资源错配。另一方面，技术创新可以拓展金融服务的覆盖范围和深度。例如，互联网金融平台、区块链技术等应用使得金融服务更加普惠和便捷，为小微企业等传统金融服务难以触及的群体提供了融资渠道，有助于解决资源错配的问题。此外，技术进步还能够提升金融监管的能力，通过监控数据、建立风险模型等手段，及时发现金融市场的异常情况，预防金融风险的发生，进而减少资源错配所带来的经济波动。而金融科技正是将先进技术与金融服务相融合的产物，日益受到学术界和实务界的广泛关注，其能否通过缓解金融资源错配促进经济高质量发展是具有明显理论与现实意义的研究问题。本书拟深入研究在不同场景下金融科技影响经济高质量发展的实际效应与作用机制，为推动金融科技赋能实体经济提供参考。

第二节　信贷资源配置理论框架

一、信贷资源概念

白钦先（1998）提出信贷资源是金融资源中最关键的一部分，而金融资源可以分为基础金融资源、中间金融资源以及高层金融资源三个层次。其中，基础金融资源指金融机构通过吸收存款、发放贷款等方式，从社会上融集的基本资金。基础金融资源具有体量大、成本低的特点，主要用于支持日常经济活动和个人生活的金融需求。基础金融资源在金融体系中具有基础性作用，是经济发展的支柱。中间金融资源则指金融机构通过资金融通、风险管理等手段，将基础金融资源转化为更具灵活性和专业性的金融工具和产品，为企业和个人提供更多元化服务的过程。高层金融资源是指金融市场上的资本、衍生品、金融工程等高级金融产品，具有高风险、高回报和高度复杂性的特点。

信贷资源属于基础金融资源层次，通过金融机构的配置和转换，直接服务于社会各个层面的金融需求，不仅为个人提供消费贷款、住房贷款等基本金融服务，也为企业提供资金支持，促进生产和经济活动的发展（Stiglitz 和 Weiss，1981）。根据金融机构资产负债表中的不同资产项目，可以将信贷资源分为广义和狭义两类。广义上的信贷资源是指金融机构资产负债表中资产方的各种信贷相关项目，包括发放贷款及垫款、存放同业和其他金融机构款项、拆出资金、买入返售金融资产、持有至到期投资、应收款项类投资等，这些项目反映了金融机构在信贷领域的广泛活动，涵盖了各种形式的信贷资源。狭义上的信贷资源则专指金融机构对住户、非金融企业及其他部门发放的贷款。在这一定义下，信贷资源的范围较为狭窄，主要关注金融机构提供的直接贷款形式。事实上，商业银行作为金融体系中主要的信贷机构，贷款业务是其主要盈利来源，其向非银行企业的直接贷款占据了金融市场业务的绝大比例（胡援成和刘明艳，2011）。考虑到本书聚焦于微观企业层面，旨在研究金融科技对信贷配置效率的实际作用，因此本书主要目标是深入探讨在高质量发展背景下如何有效提升狭义信贷资源的配置效率，以推动经济的持续稳定增长和可持续发展。

二、信贷资源配置概念

资源配置一直是经济学研究的重要主题，古典经济学提出了完全竞争市场机制能够有效保证稀缺性资源的有效配置的观点，即在完全竞争的市场中，经济主体都能够充分获取和了解市场上价格、质量、需求的信息，不同主体之间不存在信息不对称问题。此时，市场中的“看不见的手”将资源按照效率最大化的原则进行分配，并在一定的预算约束下实现资源的帕累托理想状态，这种信息均衡性使市场可以有效地反映供需关系，从而确保资源的有效配置（Samuelson 和 Solow，1960）。在金融市场中，信贷资源同样受到供需关系、市场竞争、信息透明度和风险管理等因素的影响，遵循资源配置的一般规律。信贷资源配置指信贷资源通过金融机构的调节和分配，将盈余资金从金融市场上集中到有需求的领域，推动经济活动的开展，促进投资和消费的增长，从而实现资源的有效配置和经济发展（Stiglitz 和 Weiss，1981）。

然而，完全竞争市场仅存在于理想情况下。自 Akerlof（1970）提出“信息市场”概念开始，信息不对称导致的市场资源错配便受到广泛关注。Jaffee 和 Russell（1976）从借贷视角出发，发现由于贷款者与借款者之间的信息差，导致贷款者在无法判断借款人信用水平的情况下会提高借贷利率。随后，Stiglitz 和 Weiss（1981）提出融资约束的概念，发现正是由于贷款人与借款人之间的信息不对称，使高质量的借款人离开市场，影响信贷配给效率。Greenwald 等（1984）、Myers 和 Majluf（1984）在此基础上研究了微观企业层面的融资约束并指出，企业管理者作为信息优势方拥有企业战略、经营决策等方面的信息，而外部潜在投资者会要求一个较高的溢价来弥补此部分信息差可能带来的损失，这导致企业借用外部资金的成本远高于内部资金。可见，公司与外部贷款者之间的信息不对称使贷款者要求更高的投资回报是企业融资约束问题的根源之一，并且信息不对称程度越高，企业投资越会依赖内部现金流，融资约束问题越严重（Fazzari 等，1988）。

因此，在一个健康的经济和金融体系中，理想的情况是信贷资源能够流向那些能够最有效使用这些资源、创造价值和回报的行业。但是由于市场存在信息不对称、外部性、公共物品等问题，导致无论是在发达经济体，还是发展中的经济体，信贷资源错配都是金融市场上的一个普遍现象（Bai 等，2018）。当信贷资源不能流向高效利用这些资源的部门时，整个经济的生产力和效率会受到影响，同时导致不良贷款增加和金融市场的不稳定性。

三、我国信贷资源错配现状

信贷资源错配指在金融市场中，贷款、信用和其他金融资源没有被有效地分配到最能提高资源效率和社会福利的领域，这一现象可能导致资源浪费、经济效率下降以及社会财富的不合理分配（黄益平和黄卓，2018）。具体来看，传统金融部门在为企业生产活动提供信贷支持时存在一些固有的结构性问题，包括属性错配、领域错配和阶段错配（唐松等，2020）。

1. 信贷资源配置的属性错配

信贷资源配置的属性错配源于信贷资源配置的所有制歧视，这种错配不仅影响了金融市场的公平竞争，也侵害了各类企业和市场主体的合法权益。首先，信贷资源配置具有一定的政策导向性。政府可能出于政策目标要求银行向国有企业提供贷款，以支持国家的产业政策或发展战略。王馨（2015）基于融资可得性的角度进行研究并发现，当商业银行受政府控制时，此时由于国有企业与政府的紧密联系，使其更容易获得更多的信贷资金支持。其次，国有企业通常具有较高的业务稳定性和商业信用，其业务活动和资金来源相对稳定，更容易满足银行的放贷条件，降低违约风险（谢治春等，2018）。最后，银行在考虑信贷风险时，可能会认为国有企业因为有政府的“隐性担保”，在遇到财务困难时更有可能获得政府的救助，所以在风险评估时会给予国有企业更低的风险权重（唐玮等，2017）。相较之下，民营企业在获取信贷资源时面临更高的借贷成本甚至是融资渠道的限制，从而削弱了民营企业扩大再生产和进行技术革新的能力。这种基于所有制的歧视性信贷政策将导致经济的结构性失衡，即国有企业占据了过多的市场份额和信贷资源，限制了整个市场的有效竞争和投资效率，而民营企业虽然在操作灵活性和经营效率方面更具优势，但却因为资金限制无法充分发挥这些优点，不利于整个经济结构的优化和升级。

总的来看，所有制歧视导致信贷资源配置的属性错配，使一些高效率的民营企业无法获得足够的融资支持，从而限制了它们的长期发展和投资效率（陈耿等，2015）。同时，所有制歧视还可能导致信贷资源在不同行业之间的配置不平衡。由于国有企业在获得信贷资源方面具有固有优势，这将促使更多信贷资本流向那些国有企业占主导地位的行业，而非由市场机制决定的最高效率或者最有增长潜力的领域。这种现象不仅会降低整个经济体的资源配置效率，还将抑制企业创新动力和市场竞争环境。进一步，信贷资源配置的属性错配还会导致经济僵化（靳来群，2015）。当金融机构将过多的信贷资源配置给表现疲弱、盈利能力不足的国有企业时，这些企业可能仍然能够维持运营，但在缺乏持续盈利的情况下，只是依赖不断扩大的负债规模维持经营活动，形成对信贷资金的过度依赖，进而导致企业僵尸化。

2. 信贷资源配置的领域错配

信贷资源配置的领域错配主要指金融机构在分配信贷资源时，信贷资源未能高效、合理地流向最有利于经济长期发展和产业升级的领域，而是过多地集中于某些特定行业或领域，尤其是那些对经济增长的贡献较低或已经过剩的行业。这种错配现象不仅减缓了产业升级，还可能加剧金融风险和经济波动，阻碍可持续发展（唐松等，2020）。

传统金融机构的风险偏好以及地方政府干预是导致信贷资源领域错配的主要原因。一方面，金融机构往往倾向于采取更加保守的投资策略，更愿意将资金投向风险低、回报相对稳定的领域，而不是那些风险更高的技术创新领域（Arnold 和 Ewijk，2011）。并且，通常针对传统行业已形成一套较为成熟的风险评估体系和信贷授信流程，这使金融机构更容易对此类领域内企业进行信贷批准，而新兴行业由于缺乏相应评估标准，资金更难以进入（Berger 等，2005）。另一方面，地方政府基于保护本地就业和税收的目的，有动机干预金融机构的信贷分配，促使金融机构向能够提供更多就业和更稳定的传统大型企业倾斜（Calderon 和 Schaeck，2016）。例如，地方政府推动的重点项目往往需要大量的资金支持，此时，在政府的指导或干预下，金融机构会向这些项目提供信贷支持。

综上所述，传统金融机构的风险偏好和地方政府的干预将导致信贷资源配置的领域错配，这种错配可能会抑制企业的生产效率和创新能力，限制未来能够带来更大收益和长期增长潜力行业的发展。

3. 信贷资源配置的阶段错配

信贷资源配置的阶段错配涉及企业生命周期中各个阶段与金融机构贷款政策之间不匹配的问题。根据企业生命周期理论，企业可以大致分为初创期、成长期、成熟期和衰退期，这些阶段对应了不同的融资需求和风险特征。在创业初期，企业通常面临较高的不确定性和失败风险，它们可能没有足够的抵押物或信用历史来吸引银行贷款。同时，传统金融机构具有“后向型”偏好，即在选择授信客户时倾向于考虑企业过去的财务状况，如资产规模、盈利能力等，而不是未来的增长潜力或商业模式的创新性。这一特点往往使金融机构对已经稳定盈利的企业更加青睐，而忽视了那些正处于发展早期阶段但具有高成长潜力的企业（Cerqueiro 等，2016）。因此，成熟期企业更容易获得超过实际需求的资金，这使得信贷资源没有被充分地利用，进而抑制经济活力和其他企业的长期增长潜力。相较之下，由于信贷资源的阶段错配，初创期企业在获得贷款、信用额度等方面面临诸多困难，这种融资障碍限制了它们的发展速度和规模扩张能力。同时，成长期企业往往在开发新产品、探索新市场或实施新业务模式中显示出高度的创新性，缺乏资金支持不仅延误了它们的发展时机，还可能导致更多有价值的创新活动被迫中断。

除了融资可得性，贷款期限与借款需求不一致也是信贷资源阶段错配的主要表现。在这种情况下，信贷劣势企业可能通过短期信贷来支持长期项目（如基础设施建设、长期研发等）。这种策略虽然在短期内能够缓解融资约束，但会使企业面临高昂的再融资成本，并且短期贷款通常意味着更高的定期偿还压力，企业将被迫放弃一些具有长期回报的投资机会，转而寻求短期投机机会，最终影响企业发展潜力和行业稳定（李逸飞等，2022）。此外，长期项目的不确定性较高，依靠短期贷款的不稳定融资方式可能导致企业在无法及时还款或再融资时面临财务危机。

四、本书的理论框架

基于我国信贷资源结构性错配现状，本书从民营企业融资约束、僵尸企业治理、企业去杠杆、企业“脱虚向实”、银行借款以及短债长用的微观视角，进一步探讨金融科技对优化信贷资源配置的实际作用和路径机制。

第一，针对信贷资源属性错配，本书选择民营企业融资约束以及僵尸企业治理两个研究视角。一方面，由于民营企业尤其是中小型民营企业难以提供完善的财务信息或历史信用记录，导致企业与金融机构之间存在较严重的信息不对称和代理问题。金融机构出于风险管理的考虑，往往更偏好于贷款给那些资产规模更大或者有政府背景的企业，而对于民营企业则持谨慎态度，加剧了此类企业面临的“融资难、融资贵”问题，进而导致民营企业普遍存在融资约束现象。可见，民营企业融资约束是信贷资源属性错配的一个重要表现。另一方面，企业僵尸化与信贷资源属性错配之间也存在着密切联系。僵尸企业主要指那些长期依赖银行等金融机构的贷款续命，缺乏自我恢复生产和盈利能力，又难以被市场出清的企业。特别是对于部分国有僵尸企业而言，它们往往能够依靠政府背景等非市场因素持续获得金融机构支持，从而占用了大量本可以用于支持更有生产性和创新性企业的信贷资源。这种现象不仅会导致经济资源效率低下，同时这种对僵尸企业的持续贷款还会增加金融市场风险，威胁金融系统稳定性。基于此，本书系统考察了金融科技对民营企业融资约束的作用效果和僵尸企业的治理作用。

第二，针对信贷资源领域错配，本书选择企业去杠杆以及“脱虚向实”两个研究视角。一方面，金融机构在对潜在客户进行筛选时，通常会充分考虑借款企业的偿债能力和项目可行性。此时，尽管市场普遍存在过剩产能现象，但此类过剩行业往往包含具有较强市场地位、成熟技术基础以及相对稳定客户群的大型企业，更容易获得信贷资源的支持。由此形成的高杠杆率导致企业财务风险上升，产能过剩的传统行业缺乏经济韧性，进一步加剧了金融市场的不稳定性。基于此，去杠杆不仅有助于企业降低债务负担、增强自身财务稳定性和抵御外部风险的能力，也体现了在不同领域间信贷资源配置的优化情况。通过有效的去杠杆措施，可以减少对高风险和低效率行业的过度投资，增加对创新、高效、具有发展潜力领域的信贷支持，从而促进信贷资源的合理流动和经济结构的健康优化。另一方面，金融领域的部分产品和服务存在短期高额回报的可能性，吸引了大量资金投入和企业过度金融化。此时，银行等金融机构为了追求更高的利润，倾向于将更多的信贷资源分配到投资这些高收益金融产品的企业中。信贷资源在金融领域的过度积聚导致实体经济部门资金不足，进而损害长期经济增长和发展潜力。“脱虚向实”主张将经济增长的动力从过度的金融投机转移到实体经济的发展中，通过改善金融资源的配置，可以有效促进产业升级，推动经济结构的优化。可见，在经济高质量发展的背景下，促进企业去杠杆和推行“脱虚向实”策略对于缓解信贷资源领域错配、降低系统性风险、激发经济新动能具有重要意义。

第三，针对信贷资源阶段错配，本书从企业发展不同阶段的融资可得性和融资期限层面分别选择银行借款以及短债长用两个研究视角。在初创期或成长期，企业缺乏足够的财务历史和信用记录，这使得金融机构难以评估它们的信用状况并据此作出贷款决策。并且，初创企业通常更容易暴露于市场的不确定性中，往往缺乏足够的资产作为贷款担保物，从而使向其贷款的金融机构面临更大的坏账风险。由于风险管理的限制，金融机构更愿意向此类企业提供短期贷款，这可能迫使企业管理层专注于短期利益而牺牲长期发展目标。因此，融资的可得性受限以及借款期限较短成为影响初创期或成长期企业经营发展的关键问题。首先，本书深入探讨了金融科技对企业不同阶段银行借款规模和借款期限的影响，发现金融科技能够有效提高规模较小企业的融资规模，同时提高长期借款的比例。其次，本书将企业获得信贷支持情况与投资选择相联系，发现金融科技对初创期企业的短债长用现象有显著的抑制作用，这说明金融科技能够有效缓解信贷资源阶段错配问题。

本书上述各研究视角的理论框架如图2－1所示。

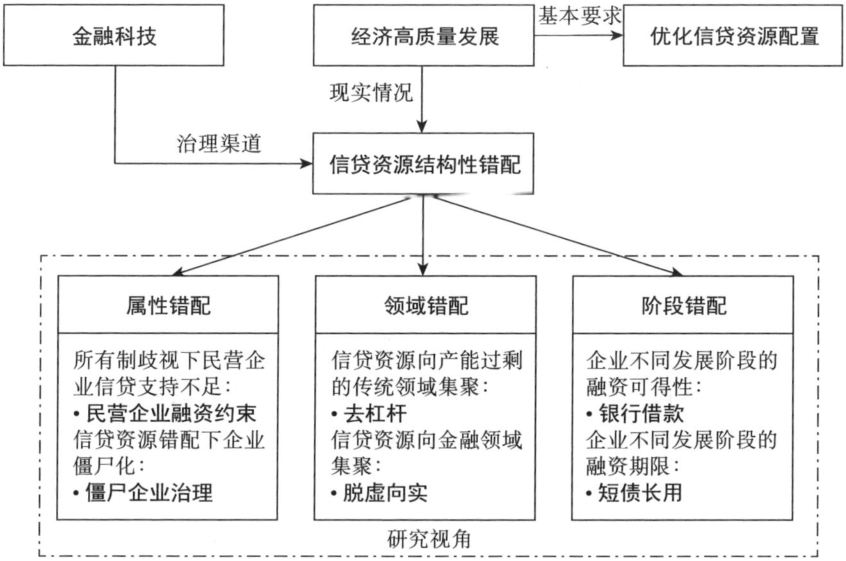

图2－1　本书的理论框架

第三章　文献综述

第一节　金融科技相关研究现状

近年来，新兴技术如大数据、云计算和人工智能快速发展，在贷款资格审查、风险评估等多个环节都扮演着重要角色。随着数字技术与传统金融行业的融合，金融稳定理事会（Financial Stability Board，FSB）在 2016 年发布的金融科技专题报告中提出，金融科技是指通过信息技术赋能传统金融机构，从而带来金融产品、金融服务以及金融公司商业模式的创新。金融科技旨在提高金融系统的效率、可靠性、安全性和可获得性，对金融机构、市场结构、运营模式、金融监管和金融稳定都产生了深远影响。其中，金融科技公司凭借雄厚的技术支撑，在推动金融服务业发展方面发挥着巨大作用。

一、金融科技的内涵

金融科技是金融与科技的融合，其定义因视角不同而多样化。金融稳定理事会（FSB）强调，金融科技是信息技术赋能传统金融产品、服务及商业模式，对金融服务业和金融市场产生了深远影响。学术界对金融科技的定义也各有侧重。Arner 等（2015）认为，金融科技是以技术为核心，解决金融市场潜在问题的方案，是金融服务与信息技术的融合。Zavolokina 等（2016）强调，金融科技的关键在于技术在金融行业中的应用，为创造新服务和商业模式提供机会。Schueffel（2016）指出，金融科技是通过信息技术提高金融活动效率的新手段。巴曙松和白海峰（2016）认为，金融科技是帮助传统金融行业降低成本、提高效率的重要技术工具。Puschmann（2017）提出，金融科技的发展和应用是解决传统金融行业挑战与问题的创新成果。Ma 和 Liu（2017）指出，金融科技涵盖广泛影响金融交易和服务的技术。Gomber（2017）从起源层面认为，互联网技术为金融行业带来变革，金融科技加强了互联网技术与金融业务的联系。皮天雷等（2018）将金融科技定义为将新技术应用于金融行业，创造全新金融产品、服务和商业模式的活动。

通过上述对金融科技的定义，本书总结了金融科技的以下特点：首先，金融科技是以新技术为核心，涉及信息技术、人工智能、区块链等技术在金融领域的应用；其次，金融科技旨在解决金融市场的潜在问题，具有针对性和创新性；再次，金融科技通过信息技术的应用能够提高传统金融活动的效率；最后，金融科技为创造新的服务和商业模式提供了机会，推动了金融业务的长远发展。

二、金融科技的业务模式

金融科技主要涉及四类基本的业务模式，包括支付结算服务、存贷款与融资服务、投资管理服务以及市场基础设施服务。首先，支付结算服务是金融科技的基本业务之一，涵盖了诸如移动支付、电子支付、跨境支付等服务。这些服务通过技术手段为个人和企业提供了便捷、快速的资金流动方式，推动了支付模式的多样化和数字化发展（谢平和石午光，2015）。其次，存贷款与融资服务是金融科技的另一重要领域，包括数字化银行、网络借贷、小额信贷等业务模式。金融科技通过创新的技术手段，提高了金融服务的普惠性和便捷性，为个人和企业提供了更便利的融资渠道和借贷方式（谢平和邹传伟，2012）。再次，投资管理服务也是金融科技活动的重要组成部分，涵盖了智能投顾、股票交易平台、基金销售等业务。金融科技通过算法交易、大数据分析等手段，为投资者提供了更精准的投资建议和便捷的交易途径，优化了投资组合管理和投资决策过程（周光友和施怡波，2015）。最后，市场基础设施服务是金融科技的另一大业务领域，包括金融信息服务、区块链技术应用、金融数据服务等。金融科技通过技术创新，构建了更加安全、高效和透明的市场基础设施，促进了金融市场的健康发展和监管的有效实施。

详细来说，存贷款与融资服务通过互联网平台连接资金供求，有助于在信息共享下实现资金的有效配置。在此类服务中，比较有代表性的有互联网借贷平台和互联网筹资平台等。对于互联网借贷平台而言，现有文献主要集中于对互联网借贷平台自身特质的研究，如利率的特征、借款歧视（Chen 等，2020），以及网贷平台的风险（Chen 和 Han，2012）等方面。对于互联网筹资平台而言，尤其是众筹平台，已经成为学术界研究的焦点之一。Strausz（2017）指出，众筹能够通过减小产品需求的不确定性来改善社会福利水平。现有关于众筹的文献主要集中于众筹绩效的影响因素（彭红枫和米雁翔，2017；Anglin 等，2018）与不同众筹项目之间的影响效果（方兴，2018）等方面。

投资管理服务应用技术手段可以达成金融产品以及金融服务的智能化和自动化。此类服务中比较有代表性的是智能投顾服务。袁淼英（2018）通过对美国、澳大利亚等国家的智能投顾的定义进行分析，总结出各国对智能投顾定义的相同点，即工具性、智能性和经验性，在此基础上，将智能投顾定义为一种人工智能，这种人工智能基于大数据和计算机算法，利用现代投资组合理论分析市场反映的实时数据和用户提供的个性化信息，从而为客户提出投资组合建议。智能投顾将投资者的风险承受水平、投资者的偏好和收益目标等要求纳入投资组合优化模型，并结合精准的自动化算法为用户筛选合理的资产配置组合，为其提供符合要求的投资建议。姜海燕和吴长凤（2016）研究认为，广义上智能投顾的内容可以划分为三个层次，首先是最为简单的、一般意义上的、通过数据分析而得出的投资建议；其次是针对服务对象的特征而得出的个性化投资建议；最后是在第二个层次上增加了交易服务。目前，智能投顾服务在我国还没有得到广泛的应用，其发展空间一方面取决于自我学习能力和分析能力的提高以及是否能够提供优于人工顾问的投资建议，另一方面也取决于投资者和市场的接纳程度。

一些具有较强科技属性的金融机构的外包服务是市场基础设施服务的主要构成，具体包括大数据处理和应用、云计算服务、分布式账户、人工智能服务、客户身份数字认证、多维数据归集处理等。这类服务已经对金融活动产生了巨大的影响。以大数据为例，大数据已经被广泛地应用于贷款违约率的预测以及个人信用评分等金融活动中，正在逐渐改变传统金融活动（Jiang 等，2021）。

总之，这四类基本的金融科技业务模式在推动金融行业创新发展、提升金融服务效率、优化金融风险管理等方面发挥着重要作用，对整个金融体系和经济社会的发展具有深远影响。

三、金融科技的理论研究

1. 金融科技的指标构建

在金融科技的指标构建方面，本书将其分为两大类：

第一类是使用金融科技公司数量构建金融科技指标。例如，通过关注金融科技公司的成立情况，Kowalewski 和 Pisany（2020）使用每年地区金融科技公司成立的数量来衡量该地区金融科技发展水平。Phan 等（2020）使用每年在印度尼西亚金融科技协会注册的金融科技企业的数量作为金融科技的衡量指标。Zhang 等（2020）使用银行是否有金融科技子公司作为衡量银行金融科技水平的指标。宋敏等（2021）则使用金融科技公司数量构建地区金融科技发展指标。

第二类是合成指标。郭品和沈悦（2015）运用“文本挖掘法”从四个方面合成了金融科技指数。王靖一和黄益平（2018）以 1700 多万条新闻文本数据为基础，运用主题模型和词向量模型等手段构建了 2013 年 1 月至 2017 年 9 月的金融科技情绪指数。杨望等（2019）基于公司发展和社会认知，通过 AHP 方法对金融科技的各项指标进行加权，从而建立了金融科技发展指数。丁娜等（2020）利用中国金融科技企业数据库与上市公司各类报道的原始数据，建立了衡量金融科技对上市公司关注的指标。郭峰等（2020）在充分考虑数据的可靠性与可获得性的基础上，将我国金融科技发展拆解为数字普惠金融的覆盖广度、使用深度以及普惠金融数字化程度三个方面，并基于此分类进行了数据描述。盛天翔和范从来（2020）建立的金融科技指数是通过计算新闻中与金融科技相关的关键词的发布次数得来的。李建军和姜世超（2021）构建的银行金融科技指数由渠道覆盖度、产品使用度、业务支持度等三个方面包括的 11 个指标合成而来。

在衡量金融科技的众多指标中，相对权威、使用范围最广泛的是北京大学数字普惠金融指数，北京大学数字普惠金融指数为研究国内不同地区金融科技发展水平的差异打下了基础。目前，理论界已有多位学者将该指数作为金融科技发展水平的衡量指标进行研究，其研究领域涉及创业（谢绚丽等，2018）、银行行为（邱晗等，2018）、分析师行为（丁娜等，2020）等多个方面，印证了该指数可以较好地反映中国金融科技的发展水平。

2. 金融科技的影响

（1）金融科技对宏观经济的影响。大部分学者认为金融科技对完善金融体系、促进经济发展产生了正向影响。李敏（2015）研究发现，金融科技的发展对金融生态体系产生了全方位的影响，具体而言，金融科技的发展对金融生态体系的主体竞争能力、调节效率和环境产生了影响，有助于重构竞争力强、调节效率高且环境良好的金融生态体系。崔海燕（2016）的研究表明，金融科技发展进程加快有助于推动中国居民消费的增加。何启志和彭明生（2017）研究发现，金融科技行业大量资金流向了股票市场，毫无疑问，这助长了资本市场的兴盛。粟勤和魏星（2017）在研究金融科技包容效应时发现，金融科技有助于扩大金融服务对长尾客户群体的覆盖范围，从而有效减小金融市场的摩擦。姚耀军和施丹燕（2017）基于路径依赖理论与新结构经济学进行研究，认为金融科技的健康持续发展有利于实现区域的潜在比较优势。张李义和涂奔（2017）研究表明，金融科技发展对中国宏观经济增长的关键变量均能产生正向影响，能够有效促进中国宏观经济的增长。姜松和周虹（2018）研究发现互联网金融对于经济发展的促进作用存在明显的“时滞效应”。李杨和程斌琪（2018）通过研究发现金融科技驱动了中国的经济增长。殷小丽（2018）的研究结果表明，金融科技有助于促进产业结构的转型升级。庄雷（2019）基于行为博弈和信用行为模型的研究认为，金融科技包含的区块链技术有助于建设新型数字信用共治模式，完善现代信用体系，进而促进金融业良性发展。Arif 等（2020）以我国金融发展的地区差异和金融科技的包容性视角为切入点，得出金融科技可以助力我国普惠金融发展的结论。张勋等（2020）的研究结果表明，金融科技对于居民消费的提升具有促进作用，从而有助于经济增长。Zhang 等（2022）研究发现，金融科技对传统金融行业的赋能可以提高金融服务的可及性和可负担性，金融科技发展促进了城镇化，并且金融科技发展有助于在非农业部门创造更多的就业机会和提高收入。崔耕瑞（2021）研究发现，金融科技通过缩小城乡收入差距、改善资本配置效率、促进消费升级，增强经济活力。房宏琳和杨思莹（2021）的研究结果表明，金融科技创新具有减排效果，能够有效抑制城市环境污染；并且相较于轻度污染城市，金融科技创新的减排效果在重污染城市更强；相较于东部城市，金融科技创新的减排效果在中西部城市更强；相较于科教资源质量较高的城市，金融科技创新的减排效果在科教资源质量较低的城市更强；相较于中心城市，金融科技创新的减排效果在外围城市更强。李睿（2021）研究发现，当前我国金融发展尚未对产业结构调整产生显著的促进作用，金融科技可以通过金融效率的提高推进区域内产业结构优化。田秀娟等（2021）利用文本挖掘法构建金融科技发展水平的测度指标，运用 SVAR 模型研究金融科技实际经济效应，实证研究结果表明，金融科技确实能够通过金融创新和科技创新两条路径促进实体经济发展。杨松令等（2021）研究发现，金融科技发展可以明显提高资本市场的信息效率。从区域角度看，相较于其他地区，金融科技对西部地区资本市场信息效率的促进效应最强，其次为中部地区，对东部地区的促进作用最弱；从行业角度看，相较于其他行业，金融科技对非富余产能行业资本市场信息效率具有更显著的促进作用。

还有一些学者认为金融科技对经济发展存在负面作用。孔杏（2018）的研究表明，金融科技与城乡发展的差异性密切相关，在短期内和长期内均加速了城乡收入差距的扩大。颜廷峰等（2019）研究发现，金融科技与经济增长质量之间存在显著的门限效应，金融科技对经济增长质量的影响整体呈现倒“U”形，适度的政府干预能够促进金融科技健康发展并提升经济增长质量。当政府干预能力小于门限值时，金融科技提升经济增长质量的作用更为显著；而当政府干预能力大于门限值时，影响效应明显下降。孟娜娜和粟勤（2020）的研究结果表明，基于产业竞争机制以及技术溢出机制，金融科技对传统普惠金融产生了重大影响。具体而言，一方面，伴随金融科技而来的数字普惠金融给传统普惠金融带来了“挤出”效应，不利于传统普惠金融的发展；另一方面，金融科技的技术溢出在加剧银行业竞争的同时，也给传统金融体系带来了“鲶鱼效应”，促进了传统金融改革创新。

（2）金融科技对货币政策的影响。已有研究发现金融科技对货币政策具有显著影响。

首先，金融科技会对货币乘数产生影响进而作用于货币政策的有效性。刘澜飚等（2016）的研究表明，在金融科技的影响下，银行同业市场利率成为影响我国商业银行贷款规模与银行利率的关键因素，能够显著提升价格型货币政策在配合经济稳步增长过程中的有效性。但同时，金融科技也减缓了货币流通速度，导致广义货币供应量（M2）增加。潘长春和李晓（2018）研究发现，金融科技的快速发展促使广义货币供应量（M2）指标失效，具体表现为广义货币供应量（M2）与经济产出、广义货币供应量（M2）与物价之间的关联性均显著降低，他们建议通过常态化的流动性管理建立价格型货币政策调控体系以缓解该现象。史新鹭和周政宁（2018）认为，金融科技对货币乘数存在影响，因此央行调整货币供给量的货币政策将受到金融科技较大的影响。

其次，金融科技会对货币供需等方面产生影响从而影响货币政策。Friedman（1999）认为金融科技削弱了传统货币在社会经济发展中的重要性。具体而言，金融科技使非银行信贷业务得到进一步发展，并衍生出私人银行清算市场，央行在货币发行过程中不再具有支配性地位，进而削弱货币政策有效性。Slovinec（2006）认为金融科技对基础货币供给有着负向的影响，会使货币政策的实际实施效果与预期效果之间产生偏差。战明华等（2018）指出，金融科技深刻改变着家庭的储蓄决策和企业的融资决策，进而改变货币政策中银行信贷渠道发挥作用的传导媒介，从而对货币政策造成冲击。

（3）金融科技对商业银行的影响。在金融科技领域，大部分研究与商业银行相关。金融科技基于大数据、云计算、智能算法创新传统商业模式，对银行等金融中介机构造成了巨大影响（Demertzis，2017）。

第一，金融科技对商业银行资产端和负债端业务均产生影响。在负债端，Delong 和 Deyoung（2007）发现，金融科技在提升商业银行盈利能力的同时，改变了存款结构，降低了支票账户余额占比，增加了货币基金存款账户余额。王达（2014）指出，金融科技对中小型商业银行负债端业务冲击更大，因其在存款市场上议价能力较弱，金融科技进一步加剧了其吸收存款的劣势。战明华等（2018）研究发现，金融科技通过影响银行负债端结构进而作用于货币政策。徐晓萍等（2021）指出，金融科技能够提升银行软信息处理能力，优化信贷信用结构与客户结构，对外合作模式下的金融科技应用对区域性银行信贷结构调整影响更显著。在资产端，Lapavitsas 和 Santos（2008）认为，金融科技能够提高信息透明度，有助于银行优化资产端业务。Berger（2003）指出，金融科技能够促进银企信息流动，增加弱势群体信贷资源可得性。刘澜飚等（2013）认为，金融科技可能改变银行业市场结构，减少银行对中小企业及个人的贷款额度。此外，部分学者发现金融科技同时影响资产端和负债端业务。四川银监局课题组等（2013）指出，金融科技在分流银行存款业务的同时挤占贷款业务。陆晓明（2014）对比中美金融科技发展发现，银行负债端受金融科技影响大于资产端。郑联盛（2014）认为，长期来看，金融科技减少了银行资产端资金获取，间接增加了吸收存款成本，削弱了存款吸纳能力。郑志来（2015）研究表明，金融科技对银行经营业绩的负面效应主要源于负债端、中间业务及资产端业务的冲击。邱晗等（2018）发现，金融科技能够推动利率市场化进程，改变银行负债端结构并提高负债端成本，进而提升银行资产端风险偏好。

第二，金融科技对商业银行效率的影响总体呈现促进作用。Bresnahan（1986）指出，金融科技能够赋能传统业务提升行业效率。Allen 等（2002）认为，金融科技能够消除金融机构壁垒，改变信贷决策方式，降低贷款成本，提高流动性，推动银行技术创新与效率提升。Brewer（2001）发现，大型银行更倾向于使用金融科技进行技术创新。Acharya 和 Kagan（2004）指出，信息与通信技术创新降低了小企业贷款风险，迫使银行通过金融科技扩大业务范围并提高生产效率。褚蓬瑜和郭田勇

（2014）认为，金融科技创新示范效应能够推动银行产品与服务创新，提升效率。Safeena 等（2014）发现，金融科技能够降低交易成本，优化业务结构，助力银行转型。沈悦和郭品（2015）研究表明，金融科技技术溢出效应显著提升了银行全要素生产率，股份制银行受影响最大。吴晓求（2015）指出，金融科技能够打破时空限制，完善支付清算体系。Chen 等（2017）认为，金融科技能够颠覆传统模式，助力银行转型升级。刘笑彤和杨德勇（2017）发现，金融科技能够带动银行创新，进行并购重组，提升技术进步与效率。李建军和姜世超（2021）指出，金融科技能够扩大金融服务包容性，提高银行盈利性与成长性。但也有研究表明，金融科技对银行效率有负面影响，刘忠璐和林章悦（2016）发现，金融科技降低了银行盈利水平，尤其对城市商业银行影响更强，倒逼银行调整盈利模式。

第三，金融科技能够影响商业银行的风险承担水平。部分学者的研究表明，金融科技会提高商业银行的风险承担水平。Roger（1999）认为，金融科技能够在改变商业银行营运模式的同时提高其承担的风险。戴国强和方鹏飞（2014）认为，金融科技使银行的融资成本增加，能够纠正存款利率管制带来的利率扭曲，但加剧了银行面临的风险，应当重视金融科技对银行业的冲击。研究还发现，金融科技除直接提高银行风险水平外，还通过推进商业银行利率市场化进程间接提高商业银行的风险水平。黄锐和黄剑（2016）研究发现，金融科技促使商业银行在支付结算、存贷款等传统业务领域竞争加剧，迫使商业银行进行创新和转型，金融科技不仅冲击商业银行存贷款规模和增速，也增加了商业银行承担的风险。满媛媛（2016）认为，多元化、银行绩效以及风险这三者之间的关系是多维的，多元化虽然有助于提升大型商业银行绩效，却也增加了大型商业银行破产的可能性。金融科技发展挤压了商业银行的利润空间，倒逼商业银行对收入结构进行调整以实现多元化经营，提高了大型商业银行的风险水平。曹源芳等（2018）认为，金融科技虽然推动了传统金融业务创新，但也影响着资本市场系统性风险，同时由于金融科技获客能力较强、客户黏性较高，其对传统商业银行的资产端和负债端业务造成了较大的冲击，但相比于中小型商业银行，大型商业银行受到的冲击较小。

另有部分研究表明，金融科技能够显著降低商业银行的风险承担水平。Lapavitsas 和 Santos（2008）研究结果表明，银行能够应用新兴技术来评估和管理风险，有助于商业银行风险的降低。吴晓求（2015）认为，金融科技作为一种新的金融业态，与传统金融的相互竞争能够推动金融结构的变革，同时有助于降低商业银行经营风险。刘忠璐（2016）研究发现，金融科技对商业银行的赋能有助于其更好地进行风险管理，从而提高其经营效率并降低破产风险，进而维护金融体系的稳定。Cheng 和 Qu（2020）基于中国 2008—2017 年的数据探讨了银行金融科技如何影响信贷风险，研究表明，银行金融科技对中国商业银行的信用风险具有显著的抑制作用，但在大型银行、国有银行中相对较弱。金宏飞和李弘基（2020）研究分析发现，相对于中小型银行，金融科技能够显著改善大型银行的风险承受能力并降低其风险水平。

还有部分研究表明，金融科技对商业银行风险承担水平的影响并不呈简单的线性特征。Arnold 和 Ewijk（2011）通过案例研究表明，金融科技产品成本低，易于扩张，但高市场份额容易使其面临更高的风险。郭品和沈悦（2015）研究发现，金融科技对商业银行风险承担的影响并非简单的正向或负向，其趋势呈现先降后升的“U”形，即商业银行管理费用会在金融科技发展初期不断降低，风险承担随之降低，但随后金融科技将增加资金成本，从而使得银行风险承担加重。顾海峰和杨立翔（2018）研究结果表明，金融科技对商业银行风险承担的影响与银行的资本充足率有关，资本充足率越高，则风险承担的反应越敏感，研究还发现，从功能性这一角度来看，金融科技对银行风险承担的影响程度存在差异。具体而言，对信息处理的影响程度最高，其次是资源配置，对支付清算功能的影响最弱。

（4）金融科技对实体企业的影响。一些文献认为金融科技对实体企业产生了正向影响。唐松等（2019）发现，金融科技与企业全要素生产率提升相关。巴曙松等（2020）指出，金融科技创新显著提高了企业全要素生产率，尤其在高技术行业中。Fu 和 Mishra（2020）研究表明，金融科技在疫情期间能够帮助企业抵御风险，提升企业价值。吴非等（2020）发现，金融科技能够缓解外部环境恶化、融资困难及治理问题，降低股价崩盘风险。王小燕等（2020）基于企业生命周期理论，发现金融科技能够驱动成长期和成熟期企业进行技术创新，但衰退期企业出现“创新泡沫”。Bollaert 等（2021）指出，金融科技能够提高企业金融资源可获得性。牟卫卫和刘克富（2021）发现，金融科技能够抑制企业违规行为。聂秀华等（2021）研究表明，金融科技能够通过缓解融资约束、优化产业结构，提升区域技术创新水平，且在金融科技成熟、人力资本高、制度质量优良的地区效果更强。宋敏等（2021）利用金融科技公司数量构建指标，发现金融科技能够显著促进企业全要素生产率提高。吴非等（2020）指出，企业数字化转型能够改善信息不对称，提升研发投入、创新产出、企业价值及财务稳定性，增强股票流动性，且在金融科技发展较好的情况下效果更明显。杨君等（2021）发现，金融科技能够缓解小微企业融资约束，优化资源配置，促进技术创新，对小规模企业和未入园企业作用更显著。

此外，还有一部分学者认为金融科技对实体企业的影响不是简单的线性关系。如刘园等（2018）研究发现，金融科技与实体企业投资效率之间呈现“U”形的变化趋势，即在金融科技发展初期，实体企业投资效率随着金融科技的发展而降低；在金融监管加以配合的后期，实体企业投资效率随着金融科技的发展而升高。目前，中国金融科技已发展至金融监管加以配合的后期，在“U”形的上升阶段，即当前金融科技有助于实体企业投资效率的提升。

（5）金融科技对“三农”问题的影响。“三农”融资难、融资贵的问题严重制约了我国农村地区的发展，而金融科技在服务“三农”中的作用日益凸显。研究表明，金融科技不仅能够提升效率和促进消费（傅秋子和黄益平，2018），还在落后地区快速发展并显著提升家庭收入（张勋等，2019）。此外，金融科技有助于改善农村居民的创业行为，提供均等化的创业机会（张勋等，2019），并降低信贷约束，提高农户金融素养，从而缓解农村家庭的金融脆弱性，尤其是在低资产、低教育水平农户中效果更为显著（陈池波和龚政，2021）。同时，金融科技对农村家庭幸福感的提升具有显著促进作用，主要通过提高农民收入、支持创业和缩小城乡收入差距实现，特别是在年轻家庭、高负债家庭及中西部地区样本中表现更为明显（尹振涛，2021）。然而，金融科技在农村地区的覆盖和渗透存在显著的区域差异，东北地区最低，东部地区最高（粟芳等，2020），且其对农村居民消费的促进作用并不显著，凸显了打破城乡分割的紧迫性（张勋等，2020）。

（6）金融科技对家庭金融的影响。科技使金融行业发生了天翻地覆的变化，金融科技降本增效的作用使得原本只服务于高净值人群的金融产品得以普及。研究表明，金融科技对家庭金融的影响显著且多维。首先，金融科技显著提升了家庭信贷需求并降低了信贷约束的可能性（尹志超和张号栋，2018），同时，通过缓解流动性约束和提升支付便利性促进了居民消费（易行健和周利，2018）。其次，金融科技调和了金融资产流动性、收益性和安全性之间的矛盾，改变了公众的投资理财行为（周光友和罗素梅，2019）。然而，金融科技对不同群体的影响存在显著差异：受教育水平较高、金融素养较好的家庭更能享受其红利（魏昭和宋全云，2016），而贫困户只能利用金融科技平滑生存型消费（王修华和赵亚雄，2020）。

值得注意的是，金融科技扩大了传统私人借贷的缺口，增加了其困难程度（吴雨等，2020），但同时通过提升投资便利性、信息获取能力和风险承担水平，优化了家庭金融资产配置，提升了资产组合有效性，尤其在发达地区和优势家庭中作用更为显著（吴雨等，2021）。最后，金融科技还显著增加了家庭财富规模，特别是对中西部家庭和城市家庭的促进作用更强（周天芸和陈铭翔，2021）。这些研究揭示了金融科技在推动普惠金融和优化家庭金融行为中的重要作用，同时也凸显了其在不同群体和区域中的异质性影响。

3. 金融科技的风险与监管

金融科技在推动传统金融业转型升级的同时，也带来了显著的潜在风险。研究表明，金融科技面临的风险主要包括技术类、业务类、信用类、法律类和监管类五大类（李克穆，2016），其复杂化、开放式和套利化的特征加剧了资本“脱实向虚”，增加了民间金融风险，加大了风险防控难度（安强身等，2017）。尽管金融科技并未从根本上变革传统商业银行的业务模式或破坏金融体系稳定，但其增加了金融系统的复杂性，潜在的操作风险等不容忽视（李文红和蒋则沈，2017）。此外，金融科技通过增强金融风险的隐蔽性、传播速度和范围，进一步放大了系统性风险（孙国峰，2017），其带来的技术风险、强化的系统风险和变异的监管风险尤为突出（皮天雷等，2018）。尽管金融科技提高了资本市场资源配置效率、缓解了信息摩擦并满足了长尾群体的融资需求，但其快速发展也导致了信用风险的增加（王聪聪等，2018）。同时，金融科技在提高金融效率和丰富金融产品的同时，也带来了金融风险的泛化，而传统以命令和控制为特征的金融监管范式难以有效应对这些新型风险（周仲飞和李敬伟，2018）。

金融科技监管在提升效率和透明度方面发挥着重要作用。研究表明，金融科技增强了金融可获得性和监管参与度（Gabor 和 Brooks，2017），但其快速发展也对传统监管模式提出了挑战。各国监管机构正根据金融科技业务属性和实质完善监管规则与风险评估（李文红和蒋则沈，2017），并推动监管模式从“命令－控制型”向“调适型”转变，注重规则与原则结合（杨松和张永亮，2017）。金融科技的技术风险和操作风险需监管者有力回应，而传统监管体系在技术、法律和理念上的滞后性难以应对现状，因此新增科技监管维度至关重要（杨东，2018）。我国应构建行政监管与自我监管相结合的多层次、多主体格局，以突破传统模式局限（李有星和王琳，2019）。同时，减少监管自由裁量权、提升信息透明度是应对 P2P 网贷平台失败的重要启示（He 和 Li，2021）。金融科技监管的难点在于信息不对称风险，“服务型监管”模式通过提供信息服务矫正信息资源配置偏差，成为更有效的解决方案（许恋天，2021）。此外，针对互联网虚拟性造成的信息不对称，建议对短期利益导向的平台实施高强度监管，对长期利益导向的平台适当放松监管（Zhou 和 Chen，2021）。这些研究为构建适应金融科技发展的监管框架提供了重要支持。

四、文献述评

从现有金融科技相关文献的梳理中可以看到，围绕金融科技，学者们已经开展了很多相关研究。大量研究表明，金融科技对我国金融生态环境造成了变革性冲击，正在广泛且深刻地影响着金融领域的结构与秩序，金融科技对我国实体经济的发展具有重要的作用和深远的意义。

从目前学术界的研究情况来看：

一是在金融科技业务模式方面尚缺乏来自中国资本市场的经验证据。目前的学术研究多以国外金融科技为研究对象，并且以理论文献为主，尚缺乏更多实证证据支持，特别是基于中国资本市场探讨金融科技发展的实证研究仍不充足。此外，目前我国金融科技领域的实证研究大多忽略了中国制度环境下各类金融科技业务模式的独特性及各类金融科技业务模式间的协同效应。因此，应基于中国独特制度背景，在对比分析国内外金融科技发展异同的基础上，加强我国各类金融科技服务模式独特性及协同发展问题的实证研究，进而丰富我国金融科技领域的研究成果。

二是目前学术界对金融科技经济后果并未得出一致结论，仍需从更多视角进行检验。一方面，现有研究尚缺乏对金融科技影响的长期经济效应的检验；另一方面，现有研究对金融科技究竟是促进了还是抑制了经济发展尚存争议。而且，对于金融科技能否提高商业银行运行效率、增强商业银行的风险承担仍需更多的实证证据。金融科技对实体企业是否真的起到了提质增效的效果，是否真的能够缓释农户多维贫困以及提升家庭消费水平等问题也需要学者们进一步深入研究。

三是金融科技的风险与监管问题需要进一步深入研究。金融科技的快速发展在提高社会整体效益的同时，也给金融监管带来了挑战。加强金融科技监管、有效应对金融科技带来的风险，是合理引导金融科技健康发展，促进经济稳定增长的关键举措。总体而言，尽管现有关于金融科技监管的学术研究较为丰富，但相关理论如“监管沙盒”等更多基于国外的监管模式，仍缺乏结合中国独特制度环境与实践特征的深入探讨。

第二节 信贷资源配置相关研究现状

信贷资源配置一直是经济学界广泛关注的话题之一，如何实现对稀缺资源高效的组织利用也是研究者越来越关注的重要议题。Robbins（1932）认为经济学研究即是对资源的有效配置。信贷资源作为金融资源中的基础核心货币资金资源，本身具有有限与稀缺的属性（白钦先，1998），信贷资源的有效配置不仅能够促进其自身配置均衡，也能促进由信贷资源支配的其他资源达到有效配置。因此，信贷资源的配置应在市场机制的作用下，以最少的信贷资源投入获得最大的社会产出，达到信贷资源配置的帕累托最优。学术界最初对于信贷资源配置的研究主要集中在信贷配给问题上，但随着经济增速放缓、产能过剩问题凸显、企业不良资产快速增长等风险因素不断出现，加之我国典型的政府主导型金融体制，学术界逐渐将信贷资源配置的关注重点转向了信贷资源错配。信贷资源并不能够按照风险收益原则进行分配是我国金融市场上信贷资源错配的主要表现，并由此产生了企业融资难、融资贵与“僵尸企业”并存等现象（王竹泉等，2022）。近年来，金融科技迅速发展，为金融服务实体经济提供了新途径。伴随着微观数据获取技术与渠道的加强，国内外学者越来越关注金融科技发展对信贷资源配置的影响，并开展了大量的探索研究。

一、企业去杠杆的相关研究

如何化解企业高杠杆是防范和化解系统性金融风险的关键所在。当前，我国不同部门或者行业之间的债务关系出现了不平衡和不合理的结构性杠杆问题，导致了金融风险的累积和积聚。尤其是国有企业和地方政府融资平台，过去通过大规模举债支持经济扩张，导致债务率过高，给地方企业和政府带来了较大的偿债压力。自 2015 年年末中央提出降杠杆任务以来，中国进入了去杠杆阶段。政府加强对金融机构的监管，限制信贷增长速度和规模，但大量民营企业却仍面临融资约束的问题。此外，一部分强制性去杠杆措施还可能会带来资源配置扭曲等系列问题（纪洋等，2018）。

自 MM 理论提出以来，企业“杠杆”问题一直是学术界关注的热门话题，在我国正式提出“去杠杆”之后，关于“去杠杆”的相关研究文献近年来开始逐渐增多。部分学者关注了高杠杆的成因和经济后果，从盈利能力、预算软约束、经济政策不确定性、政策性负担等方面展开分析。陆正飞和辛宇（1998）研究发现盈利能力较差的企业，为了生产经营会更多地进行债务融资，进而会导致企业高杠杆问题的产生。Faccio 等（2006）研究发现，企业获得政府资助与企业的政治关联之间存在显著的正相关关系。纪洋等（2018）认为，经济政策不确定性会对企业的债务水平和融资决策产生影响，从而导致不同产权性质的企业杠杆率出现分化。De Angelo 等（2018）研究发现，财务灵活性会受到企业高杠杆的抑制，进而导致企业财务风险的增加。

还有部分学者从财政、金融等多个角度研究了企业去杠杆的可能路径，但是聚焦微观企业层面去杠杆的文献相对较少。谭小芬等（2019）研究表明，金融市场化程度越高，意味着更多的金融机构和融资渠道，有利于降低企业融资成本，减少企业储藏信贷融资的动机。许晓芳等（2020）探讨了企业去杠杆与数字金融发展之间的关联，研究结果表明，数字金融的发展提高了金融资源获取的便利性，拓展了金融服务的范围，进而推动了企业去杠杆。另外，企业去杠杆可能性和程度在过度负债企业中表现得更为显著，而在国有企业中相对较弱。目前，学术界普遍认为金融科技的发展与企业的杠杆率水平之间存在显著的负向关系。唐松等（2020）研究指出，金融科技是实体企业融资约束问题的有效解决方法，能够推动企业去杠杆、帮助企业稳定财务状况、“结构性”驱动企业技术创新。阮坚等（2020）研究发现，企业通过借助金融科技手段能够更容易地获取融资，但当融资成本降低到一定程度后，金融科技的作用效果开始减弱。因此，金融科技对企业融资成本的影响呈现出先上升后下降的倒“U”形趋势。机制检验发现，通过应用技术手段和数据分析方法，金融科技可以提高企业的内部控制水平，从而减少企业金融风险，进而促进杠杆率的降低。

此外，小微企业往往面临融资难的问题，传统金融机构的审批流程复杂、担保要求高，使它们更难获取融资。梁琦和林爱杰（2020）针对小微企业的研究发现，金融科技的应用不仅为企业提供了融资渠道，同时也改善了企业的财务管理和资金运营效率。通过金融科技技术，小微企业能够更好地管理财务流程、监控资金状况并进行风险评估，这有助于小微企业更高效地运用资金，减少对债务融资的依赖，反而能实现降杠杆的效果。张金清等（2022）研究指出，随着金融科技的发展，银行可以更全面地获取和分析企业的相关信息，更快速、更准确地评估企业的信用状况。这种信息甄别能力的提升有助于金融机构更好地识别信用风险较高的企业，进而有效地促进这些企业结构性去杠杆。他们还发现，金融科技的去杠杆作用在市场关注度低、信息披露质量高，以及外部金融科技发展程度高地区的企业中更加显著。

二、企业银行借款的相关研究

中国当前的金融体系仍以银行为主导，企业主要依赖银行等金融机构间接融资（孙会霞等，2019）。然而，信贷市场存在显著的资源配置失衡问题。国有企业因政府干预或隐性担保更易获得银行信贷支持，而中小民营企业因缺乏抵押品和稳定盈利能力，面临融资困境，导致信贷错配现象突出（刘元春和李楠，2018）。从供给端看，传统银行资金来源狭窄，依赖存款吸收，难以满足企业日益增长的融资需求，加之信息不对称和市场结构不完善，进一步限制了信贷资源的有效配置（舒长江和胡援成，2019）。研究表明，非国有部门获得银行贷款占比仅为20%，更多依赖市场化融资渠道（Gamaut 等，2000），而地方政府干预加剧了信贷资源向国有企业的倾斜（巴曙松等，2005）。此外，民营企业因经营风险高和抵押资产不足，面临更严格的信贷审查（卢峰和姚洋，2004），且国有企业还能获得更长期限的贷款，进一步加剧了市场竞争的不公平性（陈耿等，2015）。

金融科技的发展为解决上述问题提供了新思路。研究表明，金融科技通过自动化流程和大数据分析，提升了银行对中小企业的信贷审批效率（李华民和吴非，2015），并通过人工智能等技术获取软信息，增强了银行对中小企业的风险评估能力（金洪飞等，2020）。此外，金融科技提供了更高效的贷款评估方式，帮助金融机构更好地了解小微企业的信用风险（盛天翔和范从来，2020），并通过普惠效应缩小了“麦克米伦缺口”，成为小微企业融资的重要途径（周光友等，2020）。金融科技还显著提高了零售贷款规模，改善了银行管理水平和风险控制能力，并随时间推移呈现递增趋势（胡俊等，2021）。同时，商业银行更倾向于向金融科技发展较好的地区发放贷款，因其缓解了信息不对称并加剧了银行间竞争，从而影响了贷款契约的制定（刘程，2022）。这些研究表明，金融科技在优化信贷资源配置、缓解融资困境方面具有重要作用，为完善中国金融体系提供了新的可能性。

三、企业融资约束的相关研究

企业融资约束是实体经济发展的关键挑战，其根源在于信贷资源配置失衡和信息不对称问题（Stiglitz 和 Weiss，1981）。研究表明，信息不对称导致债权人要求更高风险溢价，增加了企业外部融资成本，而内部融资因灵活性和低成本成为更优选择（Greenwald 等，1984；Myers 和 Majluf，1984）。现有文献从信息披露（张纯和吕伟，2007）、政治关联（于蔚等，2012）、金融发展（李红和谢娟娟，2018）和银行竞争（姜付秀等，2019）等角度探讨了缓解融资约束的机制。

金融科技的发展为解决融资约束问题提供了新路径。研究表明，金融科技通过互联网信息技术显著提升了中小企业融资效率（Shahrokhi，2008），降低了融资门槛（Agarwal 和 Hauswald，2010），并通过缓解信息不对称优化了信贷资源配置（Buehlmaier 和 Whited，2018）。国内研究进一步证实，金融科技显著缓解了企业融资约束，尤其对民营企业、创新企业和东部地区企业影响显著（黄锐等，2020）。此外，金融科技通过降低财务费用（王小燕等，2020）、优化产业结构（聂秀华等，2021）和弥补传统金融短板（杨君等，2021），提升了资源配置效率。解维敏等（2021）指出，金融科技在年轻、小型和成长期企业中的作用尤为突出，为其提供了更充足的资金支持。这些研究为金融科技在缓解融资约束、促进经济高质量发展方面提供了重要理论支持。

四、僵尸企业的相关研究

近年来，学术界和实务界越来越关注信贷资源错配以及由此产生的僵尸企业问题。僵尸企业的存在会带来一系列负面经济后果。第一，僵尸企业的存在直接导致资源配置失衡。此类企业通常经营效益低下，但由于政府补贴或银行信贷的支持，它们无法被市场出清，这意味着大量资金和资源被分配给了低效率、低产出的企业，而无法流向更具竞争力和创新性的部门，从而影响了整体经济效率和发展潜力（Kwon 等，2015）。第二，僵尸企业的存在扰乱了市场竞争。由于这些企业可以凭借外部支持继续经营，使得市场上的竞争程度降低，这种情况阻碍了新资本的进入，也会降低现存企业的创新动力（Hoshi 和 Kashyap，2004；Caballero 等，2008）。第三，僵尸企业对金融系统也构成较大风险。由于此类企业通常具有较高的杠杆率，这意味着银行等金融机构可能需要承担更多的坏账准备和风险，从而可能影响金融系统的稳定性。因此，如何抑制企业僵尸化，治理现存僵尸企业成为提高经济效率和促进可持续发展的重要任务。

卢树立和何振（2019）研究发现，金融市场扭曲可能导致资金倾向于投向低效行业和低效企业，导致企业生产效率降低，这种不正常的资源配置会促进僵尸企业的形成。因此，需要通过改革金融市场，促进公平竞争，进而确保资源合理配置，促进企业生产效率的提高和市场竞争的公平性。逯东和江沐子（2021）研究表明，银行竞争对于僵尸企业的资本结构调整速度有显著影响。进一步研究发现，在货币政策宽松期，银行竞争对于降低僵尸企业杠杆率具有更显著的促进作用。王海等（2021）使用双重差分法来检验城商行设立与僵尸企业之间的关系。结果表明，城商行的设立显著抑制了僵尸企业的形成，并且降低了当地僵尸企业的比重。进一步研究发现，城商行通过加剧银行业竞争，并提高企业的资本生产率，从而在遏制企业僵尸化方面发挥了重要作用。张金清等（2021）研究表明，金融科技通过提升信息甄别能力和优化风险控制模式两个途径，能够合理引导资金从僵尸国企流向优质民营企业，同时有利于引导信贷资源流向小规模、低污染、高科技的企业，有助于促进企业结构性去杠杆。

五、企业“脱虚向实”的相关研究

企业金融化指企业从实体经济向金融投机、虚拟经济转移的现象（Krippner，2005）。具体来说，企业不再专注于实际生产和提供实际产品或服务，而转而以金融交易和投机活动为主要盈利手段。企业信贷资源的流向结构调整，反映了银行对不同行业的信贷支持优先级和重点关注领域，因此企业金融化也可以被视为信贷资源错配的一种表现（张成思和张步昙，2016；刘莉亚等，2017）。

已有研究更多基于不同视角关注企业金融化的动机。第一，由于金融资产具有高流动性特点，因此企业可能基于储备资本的动机更多投资于金融领域，这有利于企业在需要资金时短时间内将金融资产变现，以满足经营上的紧急需求或投资机会（Almeida 等，2004）。胡奕明等（2017）研究发现，企业在 GDP 周期下行时投资金融资产的倾向性更强，说明企业主要基于“蓄水池”动机配置金融资产。第二，投资于金融资产可以帮助企业通过多样化投资组合来分散风险。由于不同类型的金融资产可能受到不同的市场因素和经济形势的影响，投资于多种金融资产类别可以减少企业的整体风险敞口（Bessembinder，1991）。第三，企业投资金融资产可能为了实现短期获利，以满足市场或投资者对高回报的需求。彭俞超等（2018）研究发现，当经济政策环境不稳定且存在较高的不确定性时，企业会更加谨慎对待资金的运用，减少对金融资产投资，这证明企业未把投资金融资产视为一项“预防性储蓄”，而更多为了追逐利益。

通过金融投资，企业可能在短期内获取较高的投资回报率，从而实现短期利润率的提升（谢富胜和匡晓璐，2020），但随着企业金融化程度不断加剧，大量资源从实体经济转向金融领域，降低了实体经济的投资和创新能力（解维敏，2018；亚琨等，2018），这可能导致产业结构失衡、生产能力下降，从而抑制经济的健康发展。此外，企业过度关注金融投机，可能选择高风险的金融活动，导致金融市场波动加剧，增加了系统性风险，甚至引发金融危机（彭俞超等，2018）。面对这些问题，中国开始积极倡导“脱虚向实”，即鼓励企业减少对金融手段的依赖，更加注重实体经济的发展，而学术界也开始关注引导企业“脱虚向实”的因素。

在宏观层面，郭飞等（2022）研究指出，通过产业政策的制定和执行，政府可以引导资源流向对实体经济有益的产业和领域，促进相关行业内企业将资源更多地用于实体经济的投资和创新，从而实现“脱虚向实”。此外，房地产市场的稳定对实体经济发展至关重要。通过实施宏观审慎政策，如限制房地产市场投机、控制房地产市场波动等，可以避免过度金融化和资源的虚拟化，鼓励企业将资源更多地用于实体经济的投资和创新，从而促进经济的“脱虚向实”转变（孟宪春等，2018）。在微观层面，杜勇等（2019）研究发现，拥有金融背景的CEO通常具备更全面的金融专业知识和技能，能够更好地理解和把握金融市场的运行规律，合理编制财务计划，避免金融风险的积聚，以及降低企业的金融成本。陈春华等（2021）研究发现，数字金融技术可以帮助企业更好地收集、分析和应用各种数据，支持决策和创新过程，促进企业“脱虚向实”。通过数据驱动的经营和创新策略，企业能够更准确地把握市场需求、优化产品和服务，提高实体经济的竞争力和价值创造能力。

六、企业短债长用的相关研究

早期的研究基于需求侧视角，从信息不对称、借款人流动性风险以及其他借款人的异质性特征探讨影响企业贷款期限结构的主要因素（Flannery，1986；Diamond，1991；Barclay 和 Smith，1995；Berger 等，2005）。蒋东生（2012）从行业、财务指标、会计信息质量和公司治理等多个方面检验了哪些公司特征会提高其获得长期银行贷款的可能性。在此基础上，后续研究从供给侧视角关注传统银行的经营及财务状况如何影响其放贷期限的意愿。例如，刘冲等（2020）以中国发布资管新规政策为例发现，金融强监管重塑了银行资产负债管理，进而拉长了银行的存款期限。王蕾和池国华（2023）表明，银行较高的内部控制质量有利于其选择风险水平更低的借款企业，进而延长其贷款期限。Li 等（2023）研究指出，存款市场力量能够降低银行在整个放贷周期中的资金风险，促使银行收取更低的期限溢价，发放更多长期贷款。

近年来，关于债务期限结构影响因素的相关文献主要集中于针对“短债长用”现象的研究。针对其形成原因和影响因素，大致可以从宏观环境和微观个体两层面展开论述。从宏观角度看，白云霞等（2016）基于中国与美国的制度比较发现，中国长期投资的速度超过了美国，但金融市场提供的长期融资却相对较少，导致中国在宏观层面出现了严重的债务期限错配现象。钟凯等（2016）研究指出，提高货币政策适度水平能够抑制非国有企业短贷长投，并且能够缓解短贷长投对公司绩效的负向影响。此外，利率市场化也可以部分解释企业出现短贷长投的原因（王红建等，2018）。李增福等（2022）、刘贯春和叶永卫（2022）研究发现，经济政策不确定性会导致企业出现长期资金缺口，进而促使企业进行短债长用。

在微观层面，现有研究大致基于企业和银行两个角度进行讨论。钟宁桦等（2016）提出，传统金融机构对非国有企业的融资歧视是导致此类企业短债长用的一个重要原因。李逸飞等（2022）基于银行视角，探讨银行金融科技对企业短债长用的影响，研究发现，金融科技可以提高银行信贷配置效率，进而抑制企业短债长用。基于企业角度的研究主要集中在企业财务和管理特征上，赖黎等（2019）实证考察了董事高管责任保险对企业短债长用的影响。研究发现，公司购买董事高管责任保险后，短债长用问题更加严重，且公司经营风险更高。胡援成和刘明艳（2011）主要基于企业财务层面，发现负债权益比率和自由现金流越高，企业越可能进行短债长用，而流动资产的增加将降低短债长用程度。李增福和陈嘉滢（2023）从环境保护、社会责任和公司治理三个方面综合考察了 ESG 对短债长用的抑制作用，研究发现，企业 ESG 水平越高，短债长用的程度越低。此外，已有文献发现，建设和完善供应链金融也能够发挥对企业短债长用的治理作用（凌润泽等，2023）。

第三节　本章小结

从现有金融科技与信贷资源配置相关文献的梳理中可以看到，围绕这一主题，学者们已从多个方面展开了较为深入的研究与探讨，且大量的研究表明，金融科技发展能够依靠科技赋能传统金融机构，优化信贷资源配置，从而更好地服务实体经济。

通过上述文献的回顾发现，近年来，由于金融科技的高速发展以及在经济社会中的应用越来越广泛，金融科技的相关研究数量增长较快。但研究的时间较短也意味着对金融科技对信贷资源配置影响的内涵逻辑、传导路径等研究并不够深入。已有关于金融科技与企业融资约束的研究虽然取得了一系列进展，但对于金融科技如何作用于企业融资约束的理论框架构建相对薄弱。并且不同地区的金融环境、企业发展阶段以及金融科技的应用程度各不相同，关于金融科技影响企业融资约束的同质化分析限制了理解金融科技应用的差异性特点。在金融科技与僵尸企业治理方面，虽然僵尸企业的相关研究成果颇丰，但鲜有文献将金融科技发展与僵尸企业置于同一分析框架内，直接考察金融科技发展对僵尸企业的影响，因此，金融科技发展对僵尸企业影响的各个方面尚需进行深入细致的研究。在金融科技与企业去杠杆方面，现有研究虽充分讨论了金融科技对企业行为和传统金融的差异影响，但对于金融科技对企业杠杆率的影响机制仍缺乏详细深入的分析，且现有研究多侧重于金融科技带来的融资约束缓解与融资成本降低，对于金融科技带来的网点增加、金融可得性等分析不足。此外，在金融科技帮助企业“脱虚向实”的过程中，现有研究对于金融科技如何促进实体经济增长、改善企业生产效率、促进科技创新等方面的理论分析和模型构建相对欠缺，这限制了对金融科技在促进企业“脱虚向实”过程中作用机理和影响效果的深刻理解。短债长用也是债务期限结构研究的一个核心议题，虽然已有研究基于宏观和微观层面以及企业和银行视角探讨了众多因素对企业短债长用的影响，但关于金融科技与企业短债长用关系的研究还不足。相关文献回顾为本书提供了重要的参考，本书将结合我国制度背景分析金融科技对信贷资源配置的影响，以期为金融科技发展与信贷资源配置相关研究提供有益的补充。

第四章　金融科技与民营企业融资约束

第一节　研究问题的提出

民营经济的持续健康发展是推动中国经济高质量发展的核心力量。随着市场化改革的深入推进，民营经济逐渐成为经济增长的主要动力，为国民经济的持续增长提供了强劲的动力源泉。随着中国民营经济的迅猛发展，越来越多的民营企业正从初创期逐渐过渡到成熟期，仅仅依靠内部资金已经无法满足民营企业对技术创新和投资长期项目的需求。然而，由于民营企业与金融市场之间存在信息不对称，导致金融机构更多地采用抵押担保方式提供贷款，或要求高利率来弥补风险，限制了民营企业的信贷融资规模、创新发展和开展长期项目的能力（唐玮等，2017；周光友等，2020）。相较之下，国有企业通常由政府直接或间接控股，享有稳定的产权地位和政府背书，更容易获得金融机构的信任和支持（Stamp，1931）。

金融科技通过数字技术推动金融体制改革与产品服务升级，深度融合科技与金融，为经济发展注入新活力。其快速发展对银行业务类型、资产结构产生了显著影响，如重构银行债务结构（邱晗等，2018）、优化信贷与期限结构（孙旭然等，2020）、提升信用风险评估能力（丁娜等，2020），并促使不同规模的银行采取差异化战略（谢治春等，2018），增强对小微企业的信贷支持与风险防范（Sheng，2021）。同时，金融科技对传统金融机构市场地位发起了挑战，推动了高新技术在金融领域的应用（Phan 等，2020）。此外，金融科技能够提升服务效率与普惠性，为企业提供多样化、个性化的金融产品与服务，降低对传统银行的依赖（唐松等，2020；黄锐等，2020；李春涛等，2020）。然而，金融科技也带来了数据隐私风险（廖理等，2014），加剧了数字鸿沟，导致了社会不公平（郭峰等，2020）。

金融科技在优化金融服务过程中，能够突破地域、信息和产权的限制，提升信贷资源配置效率，为长期受“融资难、融资贵”困扰的民营企业提供潜在解决方案。然而，金融科技是否存在选择性排除特定客户的现象尚需深入研究。同时，传统金融部门在金融科技发展背景下通过何种路径机制影响微观企业融资行为，也亟待探索。因此，本章聚焦民营企业“融资难、融资贵”问题，重点探讨金融科技对民营企业融资约束的现实影响及其作用机制。

第二节 理论分析与研究假设的提出

金融科技是将先进的科技与金融业务相结合的领域，通过运用如大数据分析、人工智能、区块链、云计算等技术改进和创新金融服务（Gai等，2018）。传统金融行业通过将数字化、智能化技术应用于金融业务，极大地提高了金融效率和便捷性，拓展了金融服务的边界（黄益平和黄卓，2018；Itay 等，2019）。同时，金融科技也带来了一系列新的挑战。金融科技的迅猛发展使得监管机构和传统风险管理体系需要更快地适应新的金融业务形态和风险特征（万佳彧等，2020）。基于此，金融科技本质上是技术创新对金融产业的变革，金融科技的发展必然在信贷供给端影响民营企业融资。

首先，银行作为传统金融体系中主要的信贷提供者，在融资方面往往面临着信息不对称、风险控制难度大等问题，导致其对中小型、创新型民营企业的信贷供给相对不足（Hua 等，2019）。针对此类问题，金融科技通过运用大数据、人工智能等技术手段，能够更准确地评估企业风险，提高信贷机构的风险识别和风险控制能力，从而扩大资金供给额度，为民营企业提供更多融资机会。具体而言，金融科技通过大数据、人工智能等技术，拓宽了民营企业的资金来源渠道，使金融机构能够通过在线平台和移动支付吸引更多投资者（巴曙松和王紫宇，2021）。同时，金融科技提高了银行对客户的过滤能力，从多数据来源获取信息，精准评估风险，提升信贷资源配置效率（王馨，2015）。此外，金融科技能够通过数字化和自动化手段，简化信贷申请和审批流程，快速响应客户需求，提高效率（郭峰等，2017；周光友等，2020），缓解民营企业融资约束。

其次，金融科技通过大数据分析、人工智能和区块链等技术手段，能够更准确地评估民营企业的信用风险和经营状况。具体而言，在银行与民营企业之间，信息不对称通常表现为银行难以准确获取和评估民营企业的真实经营状况，导致银行缺乏向民营企业放贷的动机（Stiglitz 和 Weiss，1981；Fazarri 等，1988；Kaplan 和 Zingales，1997）。借助人工智能和机器学习技术，金融科技可以对民营企业进行更精准的风险评估，构建客户画像并作出个性化的信用评分（周光友等，2020）。此外，金融科技能够帮助银行开发智能化的风险管理模型，及时发现潜在的信用风险，并对融资申请进行更加精准的审核（唐松等，2020）。通过技术驱动的客户筛查和数据驱动的风险管理，银行能够更加高效地缓解信息不对称，并提高对民营企业的融资支持力度。

最后，金融科技借助数字技术优势，可以提升融资服务效率，降低交易成本，并进一步缓解民营企业的融资约束。第一，传统的融资审批过程涉及烦琐的文件处理、手工审核等环节，需要消耗大量时间和人力资源。而金融科技应用可以实现在线申请、电子合同、智能风控等功能，大大简化和加快了融资服务流程，提升了服务效率（郭峰等，2017）。这种效率的提升可以使民营企业更快地获得融资，并降低融资审批过程中的时间成本。第二，金融科技通过数字化平台可以消除地理距离所带来的融资壁垒。金融科技的应用使得民营企业能够通过在线申请、远程审核等方式完成融资流程，大大缩短了地理距离对企业融资的影响，提高了融资便捷性（李春涛等，2020）。第三，金融科技的发展促进了新型融资渠道的出现，例如，众筹、供应链金融等。这些新型融资方式利用数字平台和智能算法，将资金提供者和需求方直接连接起来，消除了传统金融中间环节，通过更直接、高效的方式提供融资支持（唐松等，2020；Almeida 等，2004），这拓宽了民营企业获取融资的渠道，进一步缓解了融资约束。

基于此，本章提出如下假设：

假设 4 - 1：金融科技能够缓解民营企业融资约束。

第三节　实证研究设计

一、数据来源与样本选择

本章以 2011—2020 年中国沪深两市 A 股民营上市公司为研究对象，

并参考已有研究，对原始数据进行如下处理：（1）剔除金融业公司样本；（2）剔除研究期间内受到证监会特殊处理的公司年度样本；（3）剔除主要变量相关数据缺失的样本，最终得到16646个样本观测值。为了避免极端值对结果的影响，本章对所有连续型变量进行两侧1%的缩尾处理。本章使用的金融科技数据来自北京大学数字金融研究中心编制的北京大学数字普惠金融指数，公司层面的其他变量来自CNRDS数据库以及Wind数据库。

二、融资约束的度量方法

本章借鉴Almeida等（2004）的方法，以现金持有量—现金流量模型来度量企业融资约束程度。他们认为，企业日常经营中的现金持有量变化对经营现金流的变化越敏感，说明企业融资约束越严重。此外，本章在稳健性检验部分以WW指数（Hadlock和Pierce，2010）和SA指数（谢绚丽等，2018）度量融资约束，重新进行回归。

三、金融科技的度量方法

本章参考唐松等（2020）、黄锐等（2020）、李春涛等（2020）、巴曙松和王紫宇（2021）、郭峰等（2020）的研究方法，采用城市层面“中国数字普惠金融指数”度量金融科技发展水平。

四、模型设定

为了检验金融科技发展能否缓解企业融资约束，本章在Almeida等（2004）模型基础上，构建如下实证检验模型，见式（4-1）：

$$\Delta CashH = \beta_0 + \beta_1 Fintech + \beta_2 Fintech \times CashF + \beta_3 CashF + \sum \beta Controls + \varepsilon \quad \text{式（4-1）}$$

其中，$\Delta CashH$表示企业当年与上一年相比的现金持有量变化情况，并除以年末总资产进行标准化处理。核心解释变量*Fintech*为省级层面指标，用以度量企业所在地金融科技发展水平。*CashF*为企业现金持有量。*Controls*为控制变量，详细解释参见表4-1。此外，模型还控制了行业固定效应与年度固定效应。β_3反映了企业现金持有量的变化对经营现金流的敏感程度，β_3值越大，说明该企业融资约束越严重。β_2为本章重点关注的变量系数，反映了金融科技对企业融资约束的影响。本章预测β_2系数显著为负，说明金融科技发展程度越高，企业融资约束水平越低。

表 4-1　变量定义表

变量名称	变量缩写	变量定义说明
现金持有水平变动	*ΔCashH*	（第 t 年现金持有量 - 第 t-1 年现金持有量）/第 t 年年末总资产
金融科技	*Fintech*	数字普惠金融指数/100
企业现金持有量	*CashF*	经营活动现金流量净额/总资产
企业规模	*Size*	Ln 总资产
资产负债率	*Lev*	总负债/总资产
企业年龄	*Age*	样本年份与上市年份的差值
固定资产占比	*Tang*	固定资产/总资产
总资产收益率	*Roa*	净利润/总资产
营业收入增长率	*Growth*	（本年营业收入 - 上一年营业收入）/上一年营业收入
机构投资者占比	*Inshare*	机构投资者持有股份/总股份
分析师跟踪数量	*Analyst*	分析师跟踪数量加 1 的自然对数
股权集中度	*Top1*	第一大股东持有股份/总股份
独立董事占比	*Idratio*	独立董事人数/董事总人数
各省人均 GDP	*GDP*	Ln 各城市的人均 GDP
各省金融业发展水平	*FD*	各城市金融机构存贷款余额/GDP
行业	*Ind*	行业固定效应
年度	*Year*	年度固定效应

第四节　金融科技与民营企业融资约束的实证研究

一、描述性统计分析

表 4-2 报告了主要变量的描述性统计分析结果。现金持有水平变动（*ΔCashH*）的均值为 0.004，中位数为 0.003，标准差为 0.096；企业现金持有量（*CashF*）均值与中位数均为 0.045，标准差为 0.071，表明不同民营企业的现金持有量与现金流水平差异较大。金融科技（*Fintech*）的均值为 2.225，标准差为 0.683，表明我国不同城市之间的金融科技发展水平差距较大。

表 4-2　　　　　　　　　　变量的描述性统计分析

变量	N	Mean	SD	Min	Median	Max
ΔCashH	16646	0.004	0.096	-0.287	0.003	0.339
CashF	16646	0.045	0.071	-0.194	0.045	0.244
Fintech	16646	2.225	0.683	0.587	2.368	3.216
Size	16646	21.840	1.069	19.650	21.730	25.060
Age	16646	7.890	6.513	0.000	6.000	25.000
Lev	16646	0.386	0.197	0.046	0.374	0.866
Tang	16646	0.187	0.132	0.002	0.164	0.560
Roa	16646	0.036	0.074	-0.360	0.040	0.198
Growth	16646	0.362	0.909	-0.790	0.140	6.180
Inshare	16646	0.372	0.250	0.001	0.357	0.904
Analyst	16646	1.447	1.178	0.000	1.386	3.761
*Top*1	16646	0.321	0.137	0.088	0.300	0.708
Idratio	16646	0.378	0.053	0.333	0.364	0.571
GDP	16646	7.519	2.745	0.550	7.600	15.100
FD	16646	3.902	1.673	1.254	3.537	8.931

二、金融科技对民营企业融资约束的影响

表4-3报告了金融科技对民营企业融资约束影响的基准回归结果。第（1）列与第（2）列为控制年度、行业与城市固定效应的回归结果。核心解释变量 *Fintech*×*CashF* 系数分别为-0.046与-0.063，在1%统计水平上显著为负。考虑到行业层面随时间变化的不可观测因素会使本章回归结果产生偏差，本章在第（3）列中进一步控制了年度×行业固定效应。结果显示，*Fintech*×*CashF* 系数为-0.074，且在1%的统计水平上显著为负。为缓解企业间差异对回归结果的影响，本章在第（4）列中进一步控制了年度与企业固定效应，*Fintech*×*CashF* 的回归系数依然显著为负。以上回归结果表明，金融科技发展能够有效抑制民营企业融资约束，验证了本章的假设。

表 4-3　　金融科技对民营企业融资约束影响的回归结果

变量	(1)	(2)	(3)	(4)
	ΔCashH	ΔCashH	ΔCashH	ΔCashH
Fintech	0.015 (0.98)	0.010 (0.63)	0.012 (0.76)	-0.006 (-0.38)
Fintech × CashF	-0.046*** (-2.86)	-0.063*** (-4.06)	-0.074*** (-4.49)	-0.064*** (-3.48)
CashF	0.406*** (10.63)	0.423*** (11.26)	0.443*** (11.25)	0.476*** (11.17)
Size		0.003*** (3.85)	0.004*** (4.30)	0.018*** (7.19)
Age		0.000 (0.08)	0.000 (0.32)	0.007* (1.71)
Lev		0.057*** (12.59)	0.055*** (12.16)	0.069*** (7.83)
Tang		-0.067*** (-11.32)	-0.067*** (-11.31)	-0.108*** (-7.94)
Roa		0.149*** (11.94)	0.141*** (11.25)	0.130*** (8.43)
Growth		0.004*** (4.29)	0.004*** (4.17)	0.005*** (4.34)
Inshare		0.013*** (3.95)	0.012*** (3.65)	0.042*** (4.69)
Analyst		0.001 (0.96)	0.001 (0.95)	0.001 (1.05)
Top1		-0.038*** (-6.93)	-0.036*** (-6.54)	-0.092*** (-6.03)
Idratio		-0.006 (-0.52)	-0.006 (-0.51)	-0.001 (-0.03)
GDP		0.001 (0.99)	0.001 (0.91)	0.001 (0.99)
FD		-0.001 (-0.69)	-0.001 (-0.88)	-0.001 (-0.69)
Constant	-0.023 (-1.61)	-0.103*** (-4.29)	-0.127*** (-3.13)	-0.422*** (-7.64)

续表

变量	(1)	(2)	(3)	(4)
	$\Delta CashH$	$\Delta CashH$	$\Delta CashH$	$\Delta CashH$
Year FE	YES	YES	NO	YES
Industry FE	YES	YES	NO	NO
City FE	YES	YES	YES	NO
Firm FE	NO	NO	NO	YES
Year × Industry FE	NO	NO	YES	NO
观测值	16646	16646	16646	16646
Adj R^2	0.073	0.104	0.112	0.106

注：括号内报告的是 t 值；*、**、*** 分别代表在 10%、5% 和 1% 水平上显著，标准误在企业层面进行了 cluster 处理。

三、金融科技对民营企业融资约束的影响："锦上添花"还是"雪中送炭"

在东部地区，由于市场化水平较高且金融资源相对丰富，金融科技能够更好地凭借高市场化水平和丰富的金融资源，有效利用先进的科学技术优势，为技术提升金融服务提供更快速、高效的解决方案，并高效率推动金融创新和发展。这意味着金融科技在东部地区起到了"锦上添花"的作用，为已经具备一定发展基础的东部地区企业提供多元化、高效率的金融服务，进一步增强了该地区的竞争力和活力。然而，对于西部地区的企业来说，金融科技的发展也可以达到"雪中送炭"的效果。由于西部地区的市场化水平相对较低，传统金融服务覆盖面较窄，许多中小微企业在获得融资支持方面面临较大困难。在这种情况下，金融科技的应用能力不足，金融科技通过互联网、大数据和人工智能等技术手段，为这些地区的中小微企业提供更便捷、灵活的融资渠道，弥补了传统金融机构的短板，促进了西部地区的经济发展和就业增长。

本章依据"十一五"规划纲要对我国战略区域的划分，将样本企业分为西部、中部、东北部、东部四部分。表 4－4 报告了在不同区域，金融科技对民营企业融资约束影响的差异。结果显示，在东部地区样本中，交乘项 *Fintech × CashF* 的回归系数为 －0.081，且在 1% 水平上显著为负；而在西部、中部与东北部地区，交乘项 *Fintech × CashF* 的回归系数均不显著，说明在经济发达的区域，金融科技缓解民营企业融资约束的效应更加明显。而在经济欠发达的区域，金融科技对民营企业融资约束的影响较弱。这一回归结果表明，金融科技缓解民营企业融资约束具有一定的地区选择效应。

表4-4　金融科技对民营企业融资约束影响异质性分析的回归结果

变量	(1)	(2)	(3)	(4)
	西部地区	东部地区	中部地区	东北部地区
	ΔCashH	*ΔCashH*	*ΔCashH*	*ΔCashH*
Fintech	-0.051	0.000	0.015	-0.066
	(-1.03)	(0.01)	(0.33)	(-0.64)
Fintech × *CashF*	0.024	-0.081***	0.059	-0.093
	(0.42)	(-3.76)	(1.23)	(-0.90)
CashF	0.322***	0.500***	0.259**	0.648***
	(2.72)	(9.71)	(2.35)	(3.21)
Constant	-0.119	-0.473***	-0.722***	-0.217
	(-0.67)	(-6.85)	(-4.84)	(-0.80)
Controls	YES	YES	YES	YES
Year FE	YES	YES	YES	YES
Firm FE	YES	YES	YES	YES
观测值	1694	12423	1881	648
Adj R^2	0.088	0.109	0.122	0.138

注：括号内报告的是t值；*、**、***分别代表在10%、5%和1%水平上显著，标准误在企业层面进行了cluster处理。

四、稳健性检验

1. 工具变量法

本章控制了年度与企业固定效应，在一定程度上缓解了企业间可能影响回归结果的内生性因素，但本章回归结论仍在一定程度上受到不可观测因素、测量误差以及反向因果等问题的干扰，基于此，本章采用工具变量法缓解内生性问题。借鉴王红建等（2023）的研究，本章选取企业所在城市到杭州球面距离的对数（*Distance_IV*）作为工具变量。以蚂蚁金服为代表的金融科技企业成立于杭州，近年来，杭州在金融科技领域一直处于领先地位，因此，距离杭州越近的城市，其金融科技的发展水平可能会更高，满足工具变量选取的相关性假设。而各城市到杭州的距离并不会直接影响民营企业融资约束程度，满足工具变量外生性假设。本章将 *Distance_IV* 作为工具变量法第一阶段回归的被解释变量，回归结果如表4-5所示。

结果显示，*Distance_IV* 的系数为 -0.081，在1%统计水平上显著为负，说明距离杭州越远的城市，金融科技发展程度越低。此外，Kleibergen - Paap rk LM 统计量拒绝了弱工具变量的原假设。在第二阶段回归中，*Fintech* × *CashF* 回归系数在1%统计水平上显著为负，说明在控制不可观测因素影响后，金融科技发展有助于缓解民营企业融资约束的回归结论依然成立。

表4-5　　金融科技与民营企业融资约束：工具变量法

变量	(1)	(2)
	第一阶段	第二阶段
	Fintech	*ΔCashH*
Distance_IV	-0.081*** (-3.04)	
Fintech		0.059 (0.53)
Fintech × *CashF*		-0.067*** (-3.25)
CashF		0.487*** (10.32)
Controls	YES	YES
Year FE	YES	YES
Firm FE	YES	YES
观测值	1694	12423
Adj R^2	0.088	0.109

注：括号内报告的是t值；*、**、***分别代表在10%、5%和1%水平上显著，标准误在企业层面进行了cluster处理。

2. 倾向得分匹配法

本章进一步采用倾向得分匹配（PSM）法控制遗漏变量等内生性问题对研究结论的干扰。具体而言，本章将东部地区企业设定为实验组，非东部地区企业设定为控制组，选取企业规模（*Size*）、固定资产占比（*Tang*）、总资产收益率（*Roa*）、营业收入增长率（*Growth*）、分析师跟踪数量（*Analyst*）与股权集中度（*Top*1）作为协变量，按照1∶1比例采取不放回的形式为实验组企业匹配特征相似的控制组样本。匹配前后各协变量的组间差异情况如表4-6所示，协变量在匹配后组间差异不再显著，说明PSM的匹配过程具备有效性。

表 4-6　　金融科技与民营企业融资约束：平衡性检验表

变量	U（匹配前）	均值		t-test	
	M（匹配后）	实验组	控制组	t	$p>\|t\|$
Size	U	21.818	21.900	-4.39	0.000
	M	21.819	21.809	0.73	0.464
Tang	U	0.179	0.209	-12.93	0.000
	M	0.180	0.181	-0.96	0.339
Roa	U	0.038	0.032	4.10	0.000
	M	0.038	0.038	-0.52	0.601
Growth	U	0.347	0.401	-3.41	0.001
	M	0.347	0.356	-0.76	0.447
Analyst	U	1.481	1.334	7.17	0.000
	M	1.480	1.484	-0.30	0.767
Top1	U	0.324	0.312	5.01	0.000
	M	0.324	0.325	-0.33	0.745

表 4-7 列示了基于匹配后样本的回归结果，第（1）列为控制企业与年度固定效应的回归结果，第（2）列为控制年度、行业与城市固定效应的回归结果，*Fintech* × *CashF* 的回归系数均显著为负，说明在缓解内生性问题后，本章研究结论依然成立。

表 4-7　　金融科技与民营企业融资约束：倾向得分匹配法

变量	(1)	(2)
	Δ*CashH*	Δ*CashH*
Fintech	0.008	0.023
	(0.37)	(1.05)
Fintech × *CashF*	-0.053*	-0.080***
	(-1.71)	(-3.22)
CashF	0.481***	0.472***
	(7.24)	(8.19)
Constant	-0.231***	-0.074*
	(-2.64)	(-1.95)
Controls	YES	YES
Year FE	YES	YES
Firm FE	YES	NO

续表

变量	(1)	(2)
	$\Delta CashH$	$\Delta CashH$
Industry FE	NO	YES
City FE	NO	YES
观测值	6904	6904
Adj R^2	0.111	0.109

注：括号内报告的是 t 值；*、**、*** 分别代表在 10%、5% 和 1% 水平上显著，标准误在企业层面进行了 cluster 处理。

3. 替换解释变量

本章采用数字普惠金融指数中金融科技覆盖广度和金融科技使用深度重新度量各城市金融科技发展水平。上述回归结果如表 4-8 所示，结果显示，无论以何种方式度量各城市金融科技发展水平，*Fintech* × *CashF* 的回归系数均在 1% 的统计水平上显著为负，说明金融科技能够有效缓解民营企业融资约束，也证明基准回归结果是稳健的。

表 4-8　　金融科技与民营企业融资约束：替换解释变量

变量	(1)	(2)
	金融科技覆盖广度	金融科技使用深度
	$\Delta CashH$	$\Delta CashH$
Fintech	0.005	-0.013
	(0.37)	(-1.32)
Fintech × *CashF*	-0.062***	-0.064***
	(-3.20)	(-3.65)
CashF	0.473***	0.476***
	(10.64)	(11.65)
Constant	-0.429***	-0.415***
	(-7.74)	(-7.52)
Controls	YES	YES
Year FE	YES	YES
Firm FE	YES	YES
观测值	16646	16646
Adj R^2	0.106	0.107

注：括号内报告的是 t 值；*、**、*** 分别代表在 10%、5% 和 1% 水平上显著，标准误在企业层面进行了 cluster 处理。

4. 替换被解释变量

本章借鉴 Hadlock 和 Pierce（2010）、潘越等（2019）研究，利用 KZ 指数与 SA 指数衡量企业融资约束程度，作为被解释变量放入回归模型中。回归结果如表 4－9 所示，核心解释变量 *Fintech* 的回归系数分别为 －1. 454与 －0. 023，且在 1% 与 5% 统计水平上显著，说明金融科技能够缓解民营企业融资约束。

表 4－9　　金融科技与民营企业融资约束：替换被解释变量

变量	(1)	(2)
	KZ	*SA*
Fintech	－1. 454 ***	－0. 023 **
	(－3. 55)	(－2. 55)
CashF	－14. 274 ***	0. 011
	(－62. 95)	(1. 12)
Constant	22. 746 ***	－2. 654 ***
	(10. 43)	(－27. 57)
Controls	YES	YES
Year FE	YES	YES
Firm FE	YES	YES
观测值	15938	18104
Adj R^2	0. 575	0. 868

注：括号内报告的是 t 值；*、**、*** 分别代表在 10%、5% 和 1% 水平上显著，标准误在企业层面进行了 cluster 处理。

第五节　金融科技缓解民营企业融资约束的作用机制研究

信息不对称与代理问题是导致企业融资约束的基本原因，基于此，本章接下来从信息不对称和代理问题的角度分别探讨金融科技缓解民营企业融资约束的作用机制。

一、基于信息不对称的机制检验

证券分析师通过收集、处理和解读信息等方式可以加强对企业内部的监管，有助于减少资本市场和企业之间的信息不对称程度。在已有研究中，分析师的跟踪数量被用来衡量信息不对称程度，因为更多的分析师跟踪往往意味着更低的信息不对称水平（姜国华和岳衡，2005；任飞等，2020）。本章参考宋敏等（2021）的研究，基于个股交易数据计算流动性比率指标、非流动性比率指标和收益率反转指标，并对上述指标进行主成分分析，构建信息不对称的综合指标。该指标数值越高，意味着企业信息不对称程度越大。本章根据分析师跟踪数量与信息不对称指标的年度中位数将样本分为两组，分别进行回归，回归结果如表 4－10 所示。结果显示，*Fintech* × *CashF* 的系数在信息不对称水平高的样本组中显著为负，而在信息不对称水平低的样本组中不显著，说明金融科技对民营企业融资约束的抑制作用在信息不对称水平高时更加显著，降低信息不对称水平是金融科技影响民营企业融资约束的潜在机制之一。

表 4－10　金融科技与民营企业融资约束：基于信息不对称的机制检验

变量	(1)	(2)	(3)	(4)
	根据分析师跟踪数量分组		根据信息不对称指标分组	
	信息不对称水平高	信息不对称水平低	信息不对称水平高	信息不对称水平低
	ΔCashH	*ΔCashH*	*ΔCashH*	*ΔCashH*
Fintech	0.010	−0.006	−0.026	0.000
	(0.49)	(−0.22)	(−1.09)	(0.00)
Fintech × *CashF*	−0.059**	−0.023	−0.117***	−0.011
	(−2.17)	(−0.80)	(−3.64)	(−0.43)
CashF	0.480***	0.425***	0.629***	0.349***
	(7.69)	(6.30)	(8.73)	(5.93)
Constant	−0.476***	−0.832***	−0.609***	−0.547***
	(−5.57)	(−7.57)	(−6.09)	(−6.24)
Controls	YES	YES	YES	YES
Year FE	YES	YES	YES	YES
Firm FE	YES	YES	YES	YES
观测值	8574	8072	8201	8387
Adj R^2	0.123	0.110	0.118	0.102

注：括号内报告的是 t 值；*、**、*** 分别代表在 10%、5% 和 1% 水平上显著，标准误在企业层面进行了 cluster 处理。

二、基于代理问题的机制检验

根据王蕾等（2024）的研究，利用管理费用率衡量企业代理成本，当管理费用率较高时，企业的代理成本较大。此外，借鉴姜国华和岳衡

(2005）以及罗进辉（2012）的研究，本章以其他应收款占总资产的比例衡量企业委托代理问题的严重程度。本章根据管理费用率与其他应收款占比的年度中位数将样本分为代理成本高低两组，分别进行回归，回归结果如表4-11所示。结果显示，无论以何种方式衡量企业代理成本，核心解释变量 $Fintech \times CashF$ 的系数均在代理成本高组显著为负，而在代理成本低组不显著。以上回归结果说明，当企业代理成本较高时，金融科技对融资约束的缓解作用更显著，即降低代理成本是金融科技作用于民营企业融资约束的潜在机制之一。

表4-11　金融科技与民营企业融资约束：基于代理问题的机制检验

变量	(1)	(2)	(3)	(4)
	根据管理费用率分组		根据其他应收款占比分组	
	代理成本高	代理成本低	代理成本高	代理成本低
	$\Delta CashH$	$\Delta CashH$	$\Delta CashH$	$\Delta CashH$
Fintech	0.010	-0.006	-0.026	0.000
	(0.49)	(-0.22)	(-1.09)	(0.00)
$Fintech \times CashF$	-0.059**	-0.023	-0.117***	-0.011
	(-2.17)	(-0.80)	(-3.64)	(-0.43)
CashF	0.480***	0.425***	0.629***	0.349***
	(7.69)	(6.30)	(8.73)	(5.93)
Constant	-0.476***	-0.832***	-0.609***	-0.547***
	(-5.57)	(-7.57)	(-6.09)	(-6.24)
Controls	YES	YES	YES	YES
Year FE	YES	YES	YES	YES
Firm FE	YES	YES	YES	YES
观测值	8574	8072	8201	8387
$Adj\ R^2$	0.123	0.110	0.118	0.102

注：括号内报告的是t值；*、**、***分别代表在10%、5%和1%水平上显著，标准误在企业层面进行了cluster处理。

第六节　金融科技影响民营企业融资约束的异质性分析

一、企业年龄对金融科技与民营企业融资约束关系的影响

企业不同发展阶段面临不同的融资限制，主要受其自身特点、信息资

源和资产规模变化的影响（张捷和王霄，2002；谭之博和赵岳，2012）。初创期企业业务单一、收入来源有限，且规模较小，难以提供足够的抵押物或担保物，导致融资可得性较低。随着企业的成长，其经营业务多元化、收入来源增加，资产规模扩大，担保物增多，融资可得性和可持续性提高。此外，企业信用记录和声誉的积累也影响融资支持，初创期企业因缺乏信用记录和声誉，面临较高的信息不对称和评估成本，而成熟企业则更容易获得融资（刘秀玲，2009）。

本章通过计算样本年份与企业上市年份的差值，根据年度中位数将样本分为上市年限长与上市年限短两组，分别进行回归。表4－12的回归结果显示，核心解释变量 *Fintech* × *CashF* 的系数在企业上市年限长的样本组中不显著，在企业上市年限短的样本组中，*Fintech* × *CashF* 的系数为 －0.184，在1%统计水平上显著，说明当企业上市年限较短时，金融科技对民营企业融资约束的缓解效应更显著。

表4－12　金融科技与民营企业融资约束：基于企业年龄的异质性分析

变量	(1)	(2)
	企业上市年限长	企业上市年限短
	$\Delta CashH$	$\Delta CashH$
Fintech	0.007	－0.053
	(0.45)	(－1.23)
Fintech × *CashF*	－0.014	－0.184***
	(－0.70)	(－4.00)
CashF	0.369***	0.815***
	(7.88)	(7.36)
Constant	－0.310***	－0.928***
	(－5.26)	(－5.79)
Controls	YES	YES
Year FE	YES	YES
Firm FE	YES	YES
观测值	10281	6365
Adj R^2	0.117	0.102

注：括号内报告的是t值；*、**、*** 分别代表在10%、5%和1%水平上显著，标准误在企业层面进行了cluster处理。

二、企业规模对金融科技与民营企业融资约束关系的影响

大型企业因资产丰富、现金流稳定，更易获得银行贷款等融资支持（Cerqueiro 等，2016）。而中小型企业和初创企业因规模小、资源短缺，面临融资渠道有限、成本高等问题（黄浩，2018；Berger 等，2016；张纯和吕伟，2009）。因此本章预测，金融科技通过提升融资效率、优化资金管理，以及利用大数据和风险评估技术，显著缓解了中小型企业的融资约束，相较于大型企业发挥了更大作用。

本章通过计算总资产的自然对数来衡量企业规模，并根据年度中位数将样本分为企业规模大与企业规模小两组，分组回归结果如表 4－13 所示，核心解释变量 *Fintech* × *CashF* 的系数在企业规模小的样本组中为 －0.117，在 1% 统计水平上显著为负，而在企业规模大的样本组中，*Fintech* × *CashF* 的系数不显著。以上回归结果说明，当企业规模较小时，金融科技对民营企业融资约束的抑制作用更加显著。

表 4－13　金融科技与民营企业融资约束：基于企业规模的异质性分析

变量	(1)	(2)
	企业规模大	企业规模小
	$\Delta CashH$	$\Delta CashH$
Fintech	0.008	－0.031
	(0.42)	(－1.27)
Fintech × *CashF*	－0.015	－0.117***
	(－0.68)	(－3.68)
CashF	0.324***	0.651***
	(6.07)	(8.77)
Constant	－0.095***	0.008
	(－2.70)	(0.24)
Controls	YES	YES
Year FE	YES	YES
Firm FE	YES	YES
观测值	8812	7834
Adj R^2	0.104	0.100

注：括号内报告的是 t 值；*、**、*** 分别代表在 10%、5% 和 1% 水平上显著，标准误在企业层面进行了 cluster 处理。

第七节　本章小结

民营企业是我国经济社会发展的生力军，是推动社会公平和社会和谐的重要力量，促进民营经济持续健康发展对我国实现经济进步、保持社会稳定以及提升国际竞争力具有重要的作用。然而，在我国以银行为主导的金融体系下，由于银行和企业之间存在信息不对称和代理问题，导致民营企业长期遭受信贷歧视，一直存在“融资难”和“融资贵”等现实挑战，严重限制了民营企业的发展。本章选取我国民营上市公司作为研究对象，探讨了金融科技对民营企业融资约束的影响效果和内在机制。实证检验发现，金融科技能有效缓解民营企业的融资约束，并且这一结论在进行了一系列稳健性检验后仍然成立。机制检验结果显示，降低信息不对称水平和代理成本是金融科技缓解民营企业融资约束的重要机制。异质性检验发现，金融科技对民营企业融资约束的缓解作用在上市年限短和规模小的企业中更为显著。本章通过揭示金融科技在缓解融资约束方面的作用机制，可以促进金融科技领域的创新与发展，为解决民营企业融资难题提供新的思路和方法。

第五章　金融科技与僵尸企业治理

第一节　研究问题的提出

当前，我国已进入经济增速放缓的新常态发展阶段，部分行业产能过剩导致我国经济发展面临巨大的下行压力。僵尸企业效率低下、连年亏损、资不抵债，在占用大量信贷资源的同时也是引致产能过剩的关键要素（Caballero 等，2008），企业“僵而不死”的负外部性严重妨碍了经济社会的高质量发展（聂辉华等，2016；谭语嫣等，2017；王万珺和刘小玄，2018；邵帅等，2021）。在深化供给侧结构性改革的总体要求下，通过治理僵尸企业对实现去产能具有明显的现实意义。

在学术研究领域，金融资源错配通常被视为僵尸企业“僵而不死”的直接原因（Caballero 等，2008；Hoshi 和 Kim，2013）。虽然缺乏自生能力，但由于僵尸企业肩负当地就业、财政收入等非经济目标，导致无法被市场出清，进而挤占其他正常企业金融资源。特别是基于我国现实背景，传统金融部门在服务实体经济过程中普遍存在属性错配、领域错配、阶段错配等结构性问题（唐松等，2020）。以银行系统为载体的间接融资依旧是我国微观企业融资的主要方式，政府干预导致的预算软约束与硬约束共存使金融资源分配缺乏公平性，从而使更多资本流向僵尸企业。

随着互联网、大数据、云计算、人工智能、区块链、5G 等新兴技术应用于金融领域，中国金融业正在进入全新的数字化时代，金融科技这一金融（Finance）＋技术（Technology）的新模式应运而生。金融科技发展对传统金融业产生了深刻的影响，进而也改变了微观企业行为。金融科技对银行决策的影响主要从风险承担水平和效率两方面展开（黄益平和黄卓，2018）。一方面，金融科技冲击银行存款结构，推动利率市场化，促使银行提高风险偏好（邱晗等，2018；郭品和沈悦，2019）。

另一方面，金融科技优化金融服务模式，促进传统金融转型升级，提升全要素生产率（刘澜飚等，2013；沈悦和郭品，2015）。此外，分布式账户、区块链等技术提高了金融透明度和信息传递质量，缓解了融资约束，促进了创新和创业（赵涛，2020；黄锐等，2020；唐松等，2020；谢绚丽等，2018）。然而，金融科技也加剧了地域歧视和金融排斥（廖理，2014；龚晓叶和李颖，2020）。现有研究对金融科技发展的理解具有启示意义，但对其对微观企业影响的研究，特别是僵尸企业治理的经验证据仍显不足。

传统金融体系的结构性问题是导致僵尸企业"僵而不死"的直接原因，银行等金融机构的信贷支持是僵尸企业生存资本的主要来源，那么，金融科技支持金融服务体系升级，能否发挥对僵尸企业的抑制作用？这正是本章要研究和探讨的关键问题。

第二节　理论分析与研究假设的提出

一、僵尸企业的成因与内在逻辑

有效治理僵尸企业，必须了解僵尸企业的成因与内在逻辑。Kane（1987）最早将那些不具备自生能力，依靠银行续贷等非市场化方式生存的企业定义为僵尸企业。在历史上，日本、韩国以及欧洲一些发达国家和地区都饱受僵尸企业的困扰。Peek 和 Rosengren（2005）从银行救助僵尸企业的内外部双重动机的角度出发，认为除政府对银行干预的外部压力外，银行也存在为僵尸企业贷款展期以掩饰坏账的内在动机。Hoshi 和 Kim（2013）对韩国僵尸企业爆发的原因进行分析发现，宏观抵押贷款政策的缩紧会迫使银行将贷款发放给与其联系密切的僵尸企业。此外，银行竞争、资产重组、宏观政策都会影响僵尸企业形成（Hoshi 和 Kashyap，2010；Calderon 和 Schaeck，2016）。不同于西方银行业市场化经营模式，我国强政府制度安排下的银行部门大多由国家控制并受到政府部门的严格监管（王一江和田国强，2004），这决定了我国僵尸企业形成具有政治经济环境的特殊性。政府干预与银行信贷歧视成为基于中国现实背景研究僵尸企业成因的主要视角。

首先，本书从政府干预的角度分析僵尸企业产生的原因。虽然国有银行体系的垂直化改革削弱了政府干预国有支行的能力，但地方财政一般是城市商业银行的控股股东，在城商行信贷决策中的支配地位成为政府干预信贷决策的产权基础和组织保证（纪志宏等，2014），地方政府依然有能力要求银行向僵尸企业持续放贷（张栋等，2016）。之前研究表明，官员晋升压力会改变地方财政支出的结构性偏好，激发地区保护主义，加重过度投资、重复建设的粗放型发展模式（周黎安，2004；傅勇和张晏，2007）。虽然僵尸企业占用大量生产要素，阻碍了地方经济的长期发展，但政府为了在晋升锦标赛中获胜，有帮助僵尸企业的动机，资金配置偏向性等政府干预因素成为形成僵尸企业的原因之一（申广军，2016；饶静和万良勇，2018；范子英和王倩，2019）。

其次，本书从银行信贷歧视的角度分析僵尸企业成因。资本市场普遍存在信息不对称，银行向正常企业放款面临前期审查后期监管的较高交易成本（Stiglitz 和 Weiss，1981），而僵尸企业一般有政府做担保，后续产生的坏账也多以不良资产的方式从账面剥离，符合银行逐利的原则。聂辉华等（2016）研究指出，商业银行的信贷歧视是僵尸企业能获得优惠贷款的主要原因。申广军（2016）认为银行和政府都不愿意承担僵尸企业破产的后果，因而被迫向其“输血”。张栋等（2016）发现，由于有政府关系做软性担保，银行在平衡风险收益后会主动向僵尸企业提供更多低成本、长期限的贷款。

综上所述，基于官员晋升驱动下的政府干预和基于信息不对称下的银行信贷歧视是我国僵尸企业长期生存的主要原因。而如何限制政府通过干预银行放贷向僵尸企业“输血”，缓解银企间的信息不对称，提高信贷资源配置效率是有效治理僵尸企业的直接措施。

二、金融科技与僵尸企业

在无信息摩擦和金融抑制的理想环境下，信贷资源理应流向高盈利、高增长、未来成长性高的企业。而在现实资本市场中，部分经营不善、资不抵债、本该被市场出清的僵尸企业却长期以较低成本获得银行等金融机构的信贷支持。这些企业不仅颠倒了市场优胜劣汰的规律，也反映出传统金融系统存在的问题。数字技术在金融领域的应用改变了传统的金融服务模式，能够提高企业经济活动透明度，有效缓解资本市场信息不对称，提升资源配置效率，发挥对僵尸企业的治理作用。具体而言，金融科技可能通过以下路径抑制僵尸企业：

一方面，金融科技公司作为信贷市场的新型主体，在负债端挤出传统银行部门存款，降低了地方政府干预金融资源分配的能力。“大、智、移、云”等数字技术的应用突破了传统金融服务的局限，而且互联网理财产品利率市场化、交易便捷等特点，更有助于吸纳中小规模且零散分布的长尾投资者资金。金融科技的发展强化了金融行业的竞争，进而引导原本归属于银行储蓄的资金流向银行间市场（郭品和沈悦，2019）。在中国，地方政府主要通过控制银行放贷进而向僵尸企业提供支持（张栋等，2016；范子英和王倩，2019），金融科技对银行存款资源的分流，直接缩小了地方政府可配置的信贷规模，限制了地方政府通过干预银行来支持僵尸企业的能力。

另一方面，金融科技有助于缓解金融机构与企业之间的信息不对称，提高资源配置效率，进而抑制僵尸企业。信息不对称一直是银行放贷过程中出现逆向选择问题的重要原因（Jaffee 和 Russell，1976；Stiglitz 和 Weiss，1981；Faccio，2006）。信息不对称使劣质企业通过非市场手段获取廉价融资，降低资源配置效率，而政府保护僵尸企业进一步加剧了这一问题（张栋等，2016）。传统金融机构结合数字技术，如区块链和大数据风控，可完善信息渠道，降低信息不对称，提升信贷资源配置效率，突破数据处理壁垒，弥补信用数据短板，克服地域限制，促进金融资源平衡协调。

基于以上分析，本章提出如下假设：

假设 5 - 1：金融科技能够发挥对僵尸企业的治理作用。

第三节 实证研究设计

一、样本选择和数据来源

本章使用的金融科技数据来自北京大学数字金融研究中心编制的北京大学数字普惠金融指数，公司层面的其他变量来自 CNRDS 数据库以及 CSMAR 数据库。由于北京大学数字普惠金融指数始于 2011 年，所以本章选择 2011—2020 年沪深两市 A 股上市公司作为研究样本，并对原始数据进行如下筛选：（1）剔除金融业公司样本；（2）剔除主要变量相关数据缺失的样本，最终得到 22380 个“公司 - 年份”样本观测值。为了避免极端值对结果的影响，本章对所有连续型变量进行上下 1% 的缩尾处理。此外，为了缓解可能存在的异方差和自相关问题，对下文所有回归分析中的标准误都进行了怀特异方差修正和公司层面的 cluster 处理。

二、变量定义

1. 僵尸企业

僵尸企业（*Zombie*）为虚拟变量，如果公司 i 在 t 年被识别为僵尸企业则取值为 1，否则为 0。关于僵尸企业的识别方法，Caballero 等（2008）率先提出 CHK 法认定僵尸企业，即通过对比企业实际利息支出与市场最低利率标准来判断其是否依靠银行贷款生存。但由于忽略了企业生命周期、政府对银行业干预程度以及外部经济环境等因素，CHK 法容易将正常企业误判（聂辉华等，2016；张栋等，2016）。此后，Fukuda 和 Nakamura（2011）新增“盈利性”和“持续信贷”指标对 CHK 法进行改进（FN－CHK 标准）。国内后续研究对僵尸企业的识别也大多在 FN－CHK 标准的基础上进行延伸（聂辉华等，2016；张栋等，2016；黄少卿和陈彦，2017；谭语嫣等，2017；王万珺和刘小玄，2018）。其中，王万珺和刘小玄（2018）依据僵尸企业借新债还旧债的持续滚动型生存方式，把现金流作为识别僵尸企业的核心指标，与中国现实背景有较高的契合度。因此，本章借鉴王万珺和刘小玄（2018）的认定方法，采用改进后的 FN－CHK 标准对僵尸企业进行识别，具体如下：

第一步，根据 FN－CHK 标准，利用式（5－1）计算银行给予企业的信贷补贴。

$$RA_{i,t}^{*} = rs_{i,t-1}BS_{i,t-1} + \left(\frac{1}{5}\sum_{j=1}^{5} rl_{i,t-j}\right)BL_{i,t-1} \qquad \text{式（5－1）}$$

其中，$BS_{i,t-1}$为企业 i 第 $t-1$ 年银行短期贷款，$BL_{i,t-1}$为企业 i 第 $t-1$ 年银行长期贷款，分别用银行短期贷款与长期贷款衡量。$rs_{i,t-1}$为企业 i 第 $t-1$ 年最低短期贷款利率，$rl_{i,t-j}$为企业 i 第 $t-j$ 年最低长期贷款利率①。$RA_{i,t}^{*}$为企业 i 第 t 年最低应付利息，$RA_{i,t}$为企业 i 第 t 年实付利息，最低应付利息减去实际利息支付，得到信贷补贴（$RA_{i,t}^{*} - RA_{i,t}$）。

第二步，利用式（5－2）计算企业实际利润。

$$Real\_Profit_{i,t} = EBIT_{i,t} - RA_{i,t}^{*} = \text{利润总额} - (RA_{i,t}^{*} - RA_{i,t}) \qquad \text{式（5－2）}$$

① 参考谭语嫣等（2017）、王万珺和刘小玄（2018）的计算方法，$rs_{i,t-1}$由央行在第 $t-1$ 年公布的 1 年期基准贷款利率 ×0.9 计算取得，$rl_{i,t-1}$由央行在第 $t-1$ 年公布的 5 年平均长期基准贷款利率 ×0.9 计算取得。选择 0.9 作为最低利率占基准利率比重的原因是，1998—2011 年央行规定金融机构贷款利率浮动下限为基准利率的 0.9 倍，2012 年后金融机构贷款利率也基本在基准利率下浮 10% 以内波动。

其中，$EBIT_{i,t}$为企业 i 第 t 年息税前利润，实际利润等于利润总额减去信贷补贴。如果实际利润小于或等于 0，说明企业盈利所得不足以弥补需要向银行支付的最低利息，即企业依靠银行信贷补贴生存，此时所有者无利可图甚至面临投资损失。实际利润小于或等于 0 是识别僵尸企业的第一个条件。

第三步，借新债还旧债的僵尸企业普遍面临现金流不足的困境。企业现金流等于净利润加当期折旧和利息支出，流动负债流量等于本期流动负债减去上一期流动负债。如果企业当年现金流小于流动负债流量，说明企业缺乏流动性，依靠自身能力难以清偿到期债务。因此，当年现金流小于流动负债流量是识别僵尸企业的第二个条件。

第四步，剔除新生企业。由于企业初创期经营不确定性大，容易出现盈利能力不足和现金流短缺的问题。为避免将新生企业误判，本章将企业年龄大于 3 作为识别僵尸企业的第三个条件。

2. 金融科技

参考谢绚丽等（2018）、邱晗等（2018）、解维敏等（2021）的研究方法，本章使用北京大学数字金融研究中心编制的地级市层面“中国数字普惠金融指数”度量金融科技发展水平。

3. 控制变量

本章同时控制了其他可能影响僵尸企业治理的变量。包括企业规模（*Size*）、现金流（*CFO*）、总资产增长率（*Growth*）、企业年龄（*Age*）、行业集中度（*HHI*）、两权分离率（*Seperation*）、产权性质（*SOE*）。

三、模型设定

为了检验金融科技能否抑制僵尸企业，本章构建以下实证模型，见（5－3）：

$$Zombie_{i,t} = \alpha_0 + \alpha_1 Fintech_{i,t} + \sum \alpha Controls_{i,t} + \sum Year + \sum Industry + \varepsilon_{i,t} \quad \text{式（5－3）}$$

其中，下标 i 和 t 分别表示公司 i 和第 t 年，被解释变量 *Zombie* 为僵尸企业虚拟变量；解释变量 *Fintech* 是企业注册地所在城市的金融科技发展水平；*Controls* 为控制变量，具体包括企业规模（*Size*）、现金流（*CFO*）、总资产增长率（*Growth*）、企业年龄（*Age*）、行业集中度（*HHI*）、两权分离率（*Seperation*）、产权性质（*SOE*）。同时，本章也控制了年度和行业固定效应，主要变量定义如表 5－1 所示。

表 5-1　　主要变量定义表

变量名称	变量符号	变量说明
僵尸企业	*Zombie*	是否为僵尸企业，是则赋值为 1，否则为 0
金融科技	*Fintech*	北京大学数字金融研究中心编制的地级市层面“中国数字普惠金融指数”
企业规模	*Size*	总资产的自然对数
现金流	*CFO*	经营活动产生的现金流量金额除以总资产
总资产增长率	*Growth*	（总资产期末值 - 总资产期初值）/总资产期初值
企业年龄	*Age*	公司上市年份到样本所在年份的累计年数加 1 的自然对数
行业集中度	*HHI*	用赫芬达尔 - 赫希曼指数来衡量，根据企业市场份额占行业总体市场份额的比重来计算
两权分离率	*Seperation*	实际控制人的控制权与所有权之差
产权性质	*SOE*	是否为国有企业，是则赋值为 1，否则为 0
年度	*Year*	当处于该年度时为 1，否则为 0
行业	*Industry*	行业固定效应

第四节　实证结果与分析

一、描述性统计分析

表 5-2 的 Panel A 报告了主要变量的描述性统计结果。僵尸企业（*Zombie*）均值为 0.070，说明僵尸企业样本约占总样本量的 7%。金融科技发展水平（*Fintech*）的均值为 215.442，标准差为 70.543，说明在不同城市之间金融科技发展水平差异较大。

表 5-2 的 Panel B 根据金融科技发展水平的年度行业中位数将样本分为金融科技发展水平低和金融科技发展水平高两组，进而对比两组间主要变量的均值差异。僵尸企业（*Zombie*）的均值在金融科技发展水平低组中更大，且组间均值差异在 1% 的统计水平上显著，说明地区金融科技发展水平越低，当地僵尸企业的占比越高。

表 5－2　　　　　　　　　　描述性统计分析

Panel A：主要变量描述性统计结果

变量	N	Mean	Sd	Min	p25	p50	p75	Max
Zombie	22380	0.070	0.256	0.000	0.000	0.000	0.000	1.000
Fintech	22380	215.442	70.543	50.950	168.420	226.912	272.740	320.788
Size	22380	22.340	1.295	19.840	21.430	22.170	23.080	26.440
CFO	22380	0.040	0.070	－0.194	0.003	0.041	0.081	0.230
Growth	22380	0.180	0.513	－0.634	－0.038	0.097	0.260	3.558
Age	22380	11.150	7.246	0.000	5.000	10.000	17.000	26.000
HHI	22380	0.128	0.129	0.018	0.049	0.084	0.154	0.821
Seperation	22380	4.799	7.526	0.000	0.000	0.000	7.868	28.858
SOE	22380	0.385	0.487	0.000	0.000	0.000	1.000	1.000

Panel B：不同金融科技发展水平组间均值差异检验

变量	（1）金融科技发展水平低		（2）金融科技发展水平高		均值差异
	N	Mean	N	Mean	（1）－（2）
Zombie	11477	0.083	10903	0.057	0.025***
Size	11477	22.330	10903	22.360	－0.030**
CFO	11477	0.038	10903	0.042	－0.004***
Growth	11477	0.181	10903	0.180	0.000
Age	11477	11.460	10903	10.830	0.631***
HHI	11477	0.130	10903	0.127	0.003*
Seperation	11477	4.979	10903	4.610	0.370***
SOE	11477	0.400	10903	0.369	0.030***

注：均值差异检验采用 t 检验，*、**、*** 分别代表在 10%、5% 和 1% 的统计水平上显著。

二、金融科技与僵尸企业治理的回归结果

表 5－3 报告了金融科技与僵尸企业治理的回归结果。因为被解释变量僵尸企业（*Zombie*）为二元虚拟变量，表 5－3 第（1）列和第（2）列采用 Probit 模型进行估计，第（3）列和第（4）列采用 OLS 模型进行估计。表 5－3 第（1）列和第（3）列在不加入控制变量，只控制年份和行业固定效应的情况下分析金融科技能否发挥对僵尸企业的治理作用，第（2）列和第（4）列在加入控制变量后重新进行回归。回归结果显示，

Fintech 的系数全部在 1% 的统计水平上显著为负，这说明金融科技发展水平越高，当地企业成为僵尸企业的概率越低，即金融科技能够有效治理僵尸企业。

表 5－3　　　　　　金融科技与僵尸企业治理的回归结果

变量	(1)	(2)	(3)	(4)
	Probit		OLS	
	Zombie	*Zombie*	*Zombie*	*Zombie*
Fintech	−0.005***	−0.003***	−0.001***	−0.000***
	(−6.35)	(−4.30)	(−6.07)	(−4.65)
Size		−0.052***		−0.009***
		(−3.35)		(−4.72)
CFO		−4.253***		−0.562***
		(−20.01)		(−19.45)
Growth		−0.641***		−0.055***
		(−8.21)		(−15.83)
Age		0.029***		0.004***
		(11.07)		(11.78)
HHI		0.204		0.035
		(1.25)		(1.60)
Seperation		−0.004		−0.000*
		(−1.60)		(−1.65)
SOE		−0.013		−0.005
		(−0.31)		(−0.93)
Constant	−1.115***	−0.263	0.130***	0.304***
	(−9.26)	(−0.76)	(6.42)	(6.67)
Industry FE	YES	YES	YES	YES
Year FE	YES	YES	YES	YES
观测值	22380	22380	22380	22380
Pseudo R^2	0.023	0.121		
Adj R^2			0.010	0.057

注：第（1）—（2）列和第（3）—（4）列括号内分别报告的是经公司层面聚类调整后的 z 值和 t 值；*、**、*** 分别代表在 10%、5% 和 1% 的统计水平上显著。

数字普惠金融指数由覆盖广度、使用深度、数字化程度三个维度的子指标合成。本章借鉴已有研究（谢绚丽等，2018；解维敏等，2021），将数字普惠金融指数降维成金融科技覆盖广度（*Fintech_Cov*）、使用深度（*Fintech_Dep*）、数字化程度（*Fintech_Dig*）三个指标，进一步分析金融科技哪些维度的发展发挥了对僵尸企业的抑制效应，回归结果如表 5－4 所示。实证结果显示，金融科技覆盖广度（*Fintech_Cov*）和使用深度（*Fintech_Dep*）的系数在 1% 的统计水平上显著为负，这说明金融科技依靠金融服务门槛的降低、服务范围的扩大，以及金融科技使用深度的提高，实现了金融服务与智能科技的深度融合，提高了当地金融部门的资金配置效率，有利于发挥金融科技对僵尸企业的抑制作用。而数字化程度（*Fintech_Dig*）系数不显著。

表 5－4　　降维后金融科技与僵尸企业治理的回归结果

变量	(1)	(2)	(3)
	Zombie	*Zombie*	*Zombie*
Fintech_Cov	−0.002*** (−3.74)		
Fintech_Dep		−0.003*** (−5.10)	
Fintech_Dig			0.001 (1.21)
Constant	−0.297 (−0.85)	−0.266 (−0.77)	−0.435 (−1.25)
Controls	YES	YES	YES
Industry FE	YES	YES	YES
Year FE	YES	YES	YES
观测值	22380	22380	22380
Pseudo R^2	0.120	0.122	0.119

注：括号内报告的是经公司层面聚类调整后的 z 值；*、**、*** 分别代表在 10%、5% 和 1% 的统计水平上显著。

三、稳健性检验

1. 内生性问题的控制

本章研究目的在于探究金融科技能否起到抑制僵尸企业的作用，然而，非僵尸企业因信息不对称得不到银行信贷支持也会存在较大的金融科技需求，使本章结论可能受到反向因果的内生性干扰。杭州是蚂蚁金服总部所在地，也是中国金融科技的核心城市，且数字普惠金融指数以蚂蚁金服用户交易信息作为底层数据，因此企业到杭州的球面距离会影响不同地区的金融科技发展水平，但不太可能对僵尸企业产生影响。本章借鉴张勋等（2019）的处理方法，选择企业注册地所在城市到杭州的球面距离（*Distance*）作为工具变量重新进行回归，回归结果如表 5－5 所示。表 5－5 的第（1）列报告了工具变量法第一阶段回归结果，*Distance* 系数在 1% 的统计水平上显著为负。第（2）列报告了工具变量法第二阶段回归结果，经第一阶段工具变量拟合后的金融科技（*Fintech*）系数依旧在 1% 的统计水平上显著为负，说明在控制了金融科技与僵尸企业之间可能存在的内生性问题后，本章结论依然成立。此外，Kleibergen－Paap rk LM 统计量 P 值为 0.00，表明不存在弱工具变量问题。

表 5－5　金融科技与僵尸企业治理：采用工具变量法的回归结果

变量	(1)	(2)
	第一阶段	第二阶段
	Fintech	*Zombie*
Fintech		－0.002***
		(－5.17)
Distance	－0.012***	
	(－21.72)	
Constant	53.699***	0.348***
	(8.05)	(7.35)
Controls	YES	YES
Industry FE	YES	YES
Year FE	YES	YES
观测值	22380	22380
Adj R^2	0.934	0.049

注：括号内报告的是经公司层面聚类调整后的 z 值；*、**、*** 分别代表在 10%、5% 和 1% 的统计水平上显著。

由于各地区资源禀赋和市场化进程不同，金融科技可能更偏向为东部企业提供服务（解维敏等，2021），因此对僵尸企业的抑制效应也可能存在区域差异。为缓解金融科技服务实体经济过程中的选择偏差对本章结论的干扰，这里参考解维敏（2021）的研究，采用倾向得分匹配（PSM）法为非东部地区的企业（实验组）匹配最相似的东部企业（对照组）①。具体而言，首先，将基准回归中的控制变量作为协变量，采用 Probit 模型计算倾向得分。其次，为控制实验组与对照组倾向得分的差距，本章在上述基础上设置 0.01 的卡尺进行 1∶1 最近邻匹配。最后，将匹配成功的样本放入式（5－3）重新进行回归，回归结果如表 5－6 所示。表 5－6 第（1）列显示，在倾向得分匹配前企业规模（*Size*）、现金流（*CFO*）、总资产增长率（*Growth*）、企业年龄（*Age*）、产权性质（*SOE*）都在 1% 的统计水平上显著，而匹配后所有协变量系数在统计上都不再显著，这证明匹配结果相对理想。表 5－6 第（3）列报告了倾向得分匹配后金融科技对僵尸企业的影响，金融科技（*Fintech*）系数在 5% 的统计水平上显著为负，表明本章研究结论具有稳健性。

表 5－6　金融科技与僵尸企业治理：采用倾向得分匹配法的回归结果

变量	（1）	（2）	（3）
	倾向得分匹配前	倾向得分匹配后	
	Region	*Region*	*Zombie*
Fintech			−0.002**
			（−2.37）
Size	−0.084***	−0.021	−0.060***
	（−3.75）	（−0.84）	（−3.03）
CFO	−0.656***	−0.240	−4.726***
	（−2.95）	（−0.93）	（−17.01）
Growth	0.049***	0.008	−0.629***
	（2.70）	（0.39）	（−6.45）
Age	0.023***	0.006	0.027***
	（5.54）	（1.30）	（7.99）
HHI	0.101	−0.097	0.126
	（0.42）	（−0.40）	（0.61）
Seperation	0.002	0.001	−0.003
	（0.66）	（0.29）	（−1.16）

① 非东部地区企业（*Region*）为虚拟变量，当企业位于非东部地区时取 1，否则为 0。根据国家统计局的划分方法，东部地区包括北京、天津、河北、辽宁、上海、江苏、浙江、福建、山东、广东、海南，共计 11 个省和直辖市。非东部地区包括除东部外的中部和西部地区的省、自治区和直辖市。

续表

变量	(1)	(2)	(3)
	倾向得分匹配前	倾向得分匹配后	
	Region	*Region*	*Zombie*
SOE	0.288***	0.078	0.025
	(4.50)	(1.19)	(0.52)
Constant	1.448***	0.782	0.011
	(2.82)	(1.40)	(0.02)
Industry FE	YES	YES	YES
Year FE	YES	YES	YES
观测值	22300	11575	11575
Pseudo R^2	0.084	0.009	0.124

注：括号内报告的是经公司层面聚类调整后的 z 值； *、**、*** 分别代表在 10%、5% 和 1% 的统计水平上显著。

2. 替换金融科技和僵尸企业的度量方式

首先，参考盛天翔和范从来（2020）的研究，利用“金融科技发展词库 + 百度检索指数”计算基本技术、资金支付、金融科技中介服务和金融科技直接称呼的四维度得分，进而采用熵值法构建金融科技发展综合指数（*Fintech_Index*），回归结果如表 5 –7 的第（1）列所示。其次，参考丁娜等（2020）对金融科技的度量方法，采用上市公司本年度在股吧平台的热帖数量占总帖比例衡量金融科技市场份额（*Fintech_Ratio*），回归结果如表 5 –7 的第（2）列所示。最后，将北京大学数字金融研究中心编制的地级市层面“中国数字普惠金融指数”变更为省份层面，回归结果如表 5 –7的第（3）列所示。

前文更多从现金流特征出发对僵尸企业进行判断，参考谭语嫣等（2017）对僵尸企业的识别方法重新进行度量。第一步，估计企业 i 第 t 年最低应付利息（$RA_{i,t}$）与前文方法相同。第二步，利用式（5 –4）估算企业 i 在第 t 年的利息收入（$RB_{i,t}$）。

$$RB_{i,t} = (AT_{i,t-1} - AR_{i,t-1} - AI_{i,t-1}) \times rd_{i,t} \qquad \text{式（5 –4）}$$

其中，$AT_{i,t-1}$为企业 i 第 t 年年初流动资产，$AR_{i,t-1}$为企业 i 第 t 年年初应收账款，$AI_{i,t-1}$为企业 i 第 t 年年初存货，$rd_{i,t}$为银行在第 t 年的一年期基准存款利率。企业利息收入减最低应付利息得到最低利息支出（$RA_{i,t} - RB_{i,t}$）。第三步，利用式（5 –5）计算企业 i 第 t 年的利息差（$Gap_{i,t}$）。

$$Gap_{i,t} = [RC_{i,t} - (RA_{i,t} - RB_{i,t})]/B_{i,t-1} \quad \text{式（5-5）}$$

其中，$RC_{i,t}$为企业 i 第 t 年的实际净利息支出，$B_{i,t-1}$为企业 i 上期总负债金额。$Gap_{i,t}<0$ 是识别僵尸企业的第一个条件。将 $RC_{i,t}$变换为企业 i 第 t 年的息税前利润（$EBIT_{i,t}$），利用企业利润信息对式（5-5）进行修正，得到式（5-6），$Gapadj_{i,t}<0$ 是识别僵尸企业的第二个条件。

$$Gapadj_{i,t} = [EBIT_{i,t} - (RA_{i,t} - RB_{i,t})]/B_{i,t-1} \quad \text{式（5-6）}$$

为避免将其他正常企业误判，本章将企业资产负债率超过50%，本年负债大于上一年负债，分别作为识别僵尸企业的第三个和第四个条件。最终满足以上条件的企业定义为僵尸企业，*Zombie2* 取值为 1，否则为 0，回归结果如表 5-7 的第（4）列所示。

表 5-7　金融科技与僵尸企业治理：替换变量的回归结果

变量	（1）	（2）	（3）	（4）
	Zombie	*Zombie*	*Zombie*	*Zombie2*
Fintech_Index	-0.294***			
	(-3.80)			
Fintech_Ratio		-0.727***		
		(-3.59)		
Fintech_Province			-0.003***	
			(-5.51)	
Fintech				-0.004***
				(-3.77)
Constant	-0.412	0.219	-0.376	-3.637***
	(-1.18)	(0.60)	(-1.08)	(-8.81)
Controls	YES	YES	YES	YES
Industry FE	YES	YES	YES	YES
Year FE	YES	YES	YES	YES
观测值	21928	18808	22380	22380
Pseudo R^2	0.119	0.119	0.122	0.424

注：括号内是经公司层面聚类调整后的 z 值；*、**、*** 分别代表在 10%、5% 和 1% 的统计水平上显著。

第五节　金融科技抑制僵尸企业的作用机制研究

一、金融科技与僵尸企业治理：降低地方政府干预的作用机制检验

金融科技对传统银行存款的分流作用抑制了地方政府通过干预银行信贷决策进而支持僵尸企业的能力。本章以《中国分省份市场化指数报告（2021）》（王小鲁等，2021）中政府与市场关系得分衡量政府对当地经济的干预能力，并设置政府干预能力虚拟变量（*Gov_intervention*），当年企业注册地所在省份政府与市场关系得分小于样本中位数取 1，此时政府对企业的干预能力较强；当年企业注册地所在省份政府与市场关系得分大于等于样本中位数取 0，此时政府对企业的干预能力较弱。需要说明的是，由于政府与市场关系得分只统计到 2019 年，且由于疫情的影响，2020 年各地政府对市场的干预水平变化较大，本章只选择 2011—2019 年数据进行回归，回归结果如表 5－8 所示。表 5－8 第（1）列报告了政府干预对僵尸企业的影响，*Gov_intervention* 系数在 1% 的统计水平上显著为正，说明政府对辖区经济干预能力越强，越有可能产生僵尸企业。第（2）列金融科技（*Fintech*）与政府干预能力（*Gov_intervention*）的交乘项系数在 5% 的统计水平上显著为负，说明金融科技对僵尸企业的抑制作用在政府干预能力越强的地区越能发挥作用，即金融科技通过降低地方政府干预能力进而抑制僵尸企业。

表 5－8　　金融科技、政府干预与僵尸企业治理

变量	(1)	(2)
	Zombie	*Zombie*
Gov_intervention	0.115***	0.295***
	(3.26)	(2.83)
Fintech		−0.002**
		(−2.21)
Fintech × *Gov_intervention*		−0.001**
		(−2.31)

续表

变量	(1)	(2)
	Zombie	*Zombie*
Constant	-0.488 (-1.33)	-0.499 (-1.33)
Controls	YES	YES
Industry FE	YES	YES
Year FE	YES	YES
观测值	19597	19597
Pseudo R^2	0.118	0.120

注：括号内是经公司层面聚类调整后的 z 值；*、**、*** 分别代表在 10%、5% 和 1% 的统计水平上显著。

二、金融科技与僵尸企业治理：缓解金融机构与企业之间信息不对称的作用机制检验

金融科技利用大数据、区块链等技术赋能传统金融业，通过集中处理海量的数据，对目标用户精准定位，降低了金融机构与企业之间的信息不对称程度。此外，金融科技能够强化银行等传统金融机构间的竞争，倒逼其突破信息处理壁垒。基于此，本章预测企业与外部信息不对称水平越高，金融科技对僵尸企业的抑制作用越强；企业与外部信息不对称水平越低，金融科技对僵尸企业的抑制作用越弱。本章借鉴伊志宏等（2019）的度量方法，采用流通股年换手率（*Turnover*）作为信息不对称的衡量指标进行检验，该指标数值越大，说明市场对该股票交易频率越高，股票价格越能反映其内在价值，企业与外部的信息不对称程度越低，回归结果如表 5-9 所示。表 5-9 第（1）列报告了流通股年换手率（*Turnover*）对僵尸企业的影响，*Turnover* 系数在 1% 的统计水平上显著为负，说明企业与外部信息不对称水平越低，越不可能成为僵尸企业。第（2）列金融科技（*Fintech*）与流通股年换手率（*Turnover*）的交乘项 *Fintech* × *Turnover* 的系数在 5% 的统计水平上显著为正，说明金融科技对僵尸企业的抑制作用在信息不对称水平高时更能发挥作用，在与外部信息不对称水平低的企业中金融科技对僵尸企业的抑制效应较弱，回归结果符合预期。

表5-9　　　　金融科技、信息不对称与僵尸企业治理

变量	(1)	(2)
	Zombie	*Zombie*
Fintech		-0.004*** (-4.72)
Turnover	-0.000*** (-4.01)	-0.001*** (-3.43)
Fintech × *Turnover*		0.000** (2.57)
Constant	-0.058 (-0.16)	0.210 (0.57)
Controls	YES	YES
Industry FE	YES	YES
Year FE	YES	YES
观测值	22131	22131
Pseudo R^2	0.117	0.119

注：括号内是经公司层面聚类调整后的z值；*、**、***分别代表在10%、5%和1%的统计水平上显著。

第六节　金融科技对僵尸企业抑制作用的异质性分析

一、基于产权性质的异质性分析

依靠政府“输血”是僵尸企业长期生存的主要原因（王万珺和刘小玄，2018），而民营企业缺乏政治关联同时受到银行信贷歧视，在市场竞争机制下难以获得价格低廉的银行贷款，因此，民营企业不存在形成僵尸企业的信贷条件。然而，中国民营僵尸企业也屡见不鲜，不同于国有僵尸企业的形成逻辑，民营僵尸企业的形成主要源于内部传染效应（肖正等，2022），即对于选择商业信用关联或互相担保方式生存的民营企业而言，如果某家企业陷入财务困境进而僵尸化，那么在其关联企业间会产生连锁反应，提高其他企业僵尸化的概率。民营僵尸企业特殊的形成机制决定了有必要将其与国有僵尸企业加以区分（谭语嫣等，2017）。基于前文分析，金融科技主要通过抑制政府干预能力和缓解信息不对称两方面抑制僵尸企

业，因此可以判断，金融科技对企业互保下产生的民营僵尸企业的抑制作用存在局限性和滞后性，更能对国有僵尸企业发挥治理作用。

表 5-10 列示了在不同产权性质下，金融科技对僵尸企业抑制效应的异质性结果，第（1）列报告了产权性质（*SOE*）与僵尸企业的关系，*SOE* 的系数在统计上并不显著，说明中国无论是国有企业还是民营企业，都存在僵尸化的情况。第（2）列金融科技（*Fintech*）与产权性质（*SOE*）的交乘项 *Fintech* × *SOE* 的系数在 1% 的统计水平上显著为负，说明金融科技对国有僵尸企业的抑制作用更显著。

表 5-10　　金融科技与僵尸企业治理：基于产权性质的异质性分析

变量	(1)	(2)
	Zombie	*Zombie*
Fintech		-0.002**
		(-2.16)
SOE	-0.009	0.798***
	(-0.22)	(7.80)
Fintech × *SOE*		-0.004***
		(-8.54)
Constant	-0.394	-0.694*
	(-1.14)	(-1.94)
Controls	YES	YES
Industry FE	YES	YES
Year FE	YES	YES
观测值	22380	22380
Pseudo R^2	0.119	0.128

注：括号内是经公司层面聚类调整后的 z 值；*、**、*** 分别代表在 10%、5% 和 1% 的统计水平上显著。

二、基于银行业竞争的异质性分析

何欢浪等（2019）研究发现，银行竞争有助于发挥市场的“选择功能”，促使银行加强对信贷资产的质量管理，提高业务服务水平，积极选择一些经营效益较好的企业进行信贷投放。同时，金融科技与银行竞争存在协同效应，数字技术的应用为银行服务升级、强化质量管控提供了条件，同时在银行竞争激烈的地区，金融科技更能发挥作用，促进对僵尸企业的治理。借鉴方芳和蔡卫星（2016）的处理方法，利用商业银行分支机构的金融许可证信息来统计每个地区商业银行全部分支机构的数量，由于银行进行垂直化改革后，地方政府对国有支行的控制力下降，所以选择当地除国有五大行外其他商业银行的分支机构占总机构数比重衡量当地银行竞争程度，回归结果如表 5 – 11 所示。表 5 – 11 第（1）列报告了银行竞争（*Competition*）与僵尸企业的关系，*Competition* 的系数在统计上并不显著，第（2）列金融科技（*Fintech*）与银行竞争（*Competition*）的交乘项 *Fintech* × *Competition* 的系数在 10% 的统计水平上显著为负，说明银行竞争程度越高，越会强化金融科技对僵尸企业的抑制作用。

表 5 – 11　金融科技与僵尸企业治理：基于银行业竞争的异质性分析

变量	(1)	(2)
	Zombie	*Zombie*
Fintech		-0.001 (-0.37)
Competition	0.088 (0.35)	0.601 (1.26)
Fintech × *Competition*		-0.005* (-1.87)
Constant	-0.452 (-1.16)	-0.599 (-1.31)
Controls	YES	YES
Industry FE	YES	YES
Year FE	YES	YES
观测值	19589	19589
Pseudo R^2	0.117	0.120

注：括号内是经公司层面聚类调整后的 z 值；*、**、*** 分别代表在 10%、5% 和 1% 的统计水平上显著。

第七节　进一步分析：金融科技抑制僵尸企业的溢出效应

前文研究指出，僵尸企业不仅本身缺乏自生能力，还会影响其他正常企业的健康发展，通过占有大量社会资源，挤出其他企业外部融资的机会，扰乱市场秩序，破坏金融市场稳定（Kane，1987；Nishimura 等，2005；Caballero 等，2008；谭语嫣等，2017）。因此，金融科技抑制僵尸企业具有显著溢出效应（黄锐等，2020）。金融科技在通过降低政府干预能力、缓解信息不对称水平进而发挥对僵尸企业抑制作用的基础上，也能够改善资源错配问题，将更多信贷资源流向优质企业，缓解企业融资约束。本章通过构建中介模型验证金融科技抑制僵尸企业的信贷溢出效应，见式（5-7）和式（5-8）。

$$KZ_{i,t} = \beta_0 + \beta_1 Fintech_{i,t} + \sum \beta Controls_{i,t} + \sum Year + \sum Industry + \varepsilon_{i,t} \quad 式（5-7）$$

$$KZ_{i,t} = \mu_0 + \mu_1 Fintech_{i,t} + \mu_2 Zombie_{i,t} + \sum \mu Controls_{i,t} + \sum Year + \sum Industry + \varepsilon_{i,t} \quad 式（5-8）$$

借鉴 Kaplan 和 Zingales（1997）以及魏志华等（2014）的研究，从经营性净现金流量、现金持有量、现金股利、负债程度、成长性五个方面构建 *KZ* 指数，衡量上市公司面临的融资约束程度，*KZ* 指数越大，说明企业融资约束越严重。回归结果如表 5-12 所示，第（1）列检验金融科技对企业融资约束的影响，*Fintech* 系数在 1% 的统计水平上显著为负，说明金融科技有利于缓解企业面临的融资约束问题，研究发现与解维敏等（2021）和黄锐等（2020）一致。第（2）列回归结果显示，*Fintech* 的系数在 1% 的统计水平上显著为负，*Zombie* 的系数在 1% 的统计水平上显著为正，且 Sobel Test z 值为 -5.498，在 1% 的统计水平上显著，说明金融科技在发挥对僵尸企业抑制作用的同时，也释放了金融市场活力，提升了信贷资源配置效率。因此，金融科技抑制僵尸企业具有显著的正向溢出效应。

表 5-12　　金融科技抑制僵尸企业的溢出效应检验结果

变量	(1)	(2)
	KZ	*KZ*
Fintech	-0.004***	-0.004***
	(-4.34)	(-3.90)
Zombie		1.104***
		(23.76)
Constant	4.543***	4.220***
	(9.74)	(9.28)

续表

变量	(1)	(2)
	KZ	*KZ*
Controls	YES	YES
Industry FE	YES	YES
Year FE	YES	YES
Sobel Test	-5.498***	
观测值	21783	21783
Adj R^2	0.496	0.513

注：括号内是经公司层面聚类调整后的t值，Sobel Test报告的是z值；*、**、***分别代表在10%、5%和1%的统计水平上显著。

第八节　本章小结

僵尸企业大多聚集在产能过剩的行业，制约了我国新旧动能的转换，阻碍了经济高质量发展，如何利用市场手段治理僵尸企业是具有现实意义的科学问题。本章利用2011—2020年中国A股上市公司数据，实证检验了金融科技对僵尸企业的作用。研究发现，金融科技能够抑制僵尸企业，且相较于民营僵尸企业，金融科技对国有僵尸企业的抑制作用更显著。此外，银行竞争与金融科技存在协同效应，激烈的银行竞争有助于强化金融科技对僵尸企业的抑制作用。作用机制研究发现，金融科技能够通过降低地方政府干预金融资源配置的能力、缓解金融机构与企业间信息不对称抑制僵尸企业。进一步研究表明，金融科技抑制僵尸企业还会产生正向溢出效应，有助于缓解其他正常企业的融资约束。

第六章　金融科技与企业去杠杆

第一节　研究问题的提出

系统性金融风险对金融体系稳定和实体经济发展构成了巨大威胁。其中，非金融企业杠杆率过高是系统性金融风险累积的重要原因之一。高杠杆率可能导致企业债务违约风险增加，进而对金融机构的信用风险和整个金融体系的稳定性产生负面影响（马建堂等，2016）。因此，如何破解企业高杠杆现象是防范和化解系统性金融风险的关键所在，也是中国当前面临的重要经济问题之一。

去杠杆作为调结构、促改革、缓解系统性金融风险的重要举措，在实施去杠杆政策时，需要做好宏观金融稳定和实体经济发展之间的平衡（纪洋等，2018）。虽然提高融资成本和融资门槛将会直接减少企业融资规模，但也可能导致部分企业出现融资困难。当企业面临较高融资成本和严格的融资条件时，它们可能会选择减少资本投资，降低研发和创新活动的开支，以应对融资不足的问题，这将削弱经济长期增长潜力。与传统的"一刀切"去杠杆政策相比，结构性去杠杆更加注重金融风险的系统性和结构性特征，避免对实体经济的过度压缩。结构性去杠杆通过引导金融机构优化信贷结构、提高风险管理水平，以及规范金融市场等手段，降低金融体系的系统性风险。但是在政策实际执行中，传统银行信贷模式存在的固有问题将限制政策的有效落实。在此情况下，即使实施结构性降杠杆政策，仍然可能影响企业的资金使用效率。

金融科技是金融领域内技术驱动型创新，能够为传统金融提供新的创新活力（解维敏等，2021）。作为创新型金融发展模式，金融科技能否凭借科技赋能优势，减少去杠杆政策执行过程中可能产生的不利影响，推动企业实现去杠杆是本章试图研究和探索的核心问题。已有文献从不同角度探讨了金融科技的经济影响，研究发现，金融科技可以推动利率市场化

（邱晗等，2018）、促进创业（谢绚丽等，2018）、提升企业内部控制水平（阮坚等，2020）、提高企业全要素生产率（江红莉和蒋鹏程，2021；宋敏等，2021）、增强货币政策效果（战明华等，2020）、促进企业风险承担（马连福和杜善重，2021）、降低企业金融化水平（陈春华等，2021）、提高企业透明度（黄锐等，2020）、减少传统借款市场借款需求（吴雨等，2020）、促进企业创新（唐松等，2020；李春涛等，2020；谢雪燕和朱晓阳，2021）、提高金融信息服务市场的效率（丁娜等，2020）、缓解民营企业融资约束（解维敏等，2021）。但是，也有部分学者发现服务目标偏移、金融排斥、地域歧视等现象在金融科技发展过程中也时有出现（廖理等，2014；胡金焱，2018）。此外，由于数字技术发展过程中存在高度不确定性，可能导致金融风险的异变（中国人民大学课题组，2020），增加监管难度，给金融监管带来重大挑战（李文红和蒋则沈，2017）。从现有研究来看，关于金融科技经济后果的研究尚未形成一致结论。

企业去杠杆是指企业主动或被动减少债务资本占比，以降低债务风险、提高财务稳定性和经营灵活性的过程。已有研究发现，众多因素影响企业去杠杆进程，例如，研究发现，企业特征（陆正飞和辛宇，1998；姜付秀等，2008；盛明泉等，2012；DeAngelo 和 Roll，2015；Harry 等，2018；许晓芳等，2020）、国家制度体系（Öztekin 和 Flannery，2012；程六兵等，2017；王红建等，2018）、市场化发展程度（姜付秀和黄继承，2011）等均会影响企业去杠杆的动力和实施进程。尽管学者们从多个视角研究了企业去杠杆的影响因素，但在金融科技发展尚处起步阶段时，关于金融科技与企业去杠杆间关系的研究相对较少。因此，本章旨在系统研究金融科技对微观企业去杠杆行为的影响及内在作用机理，为解决企业高杠杆问题提供建议。

第二节　理论分析与研究假设的提出

探讨金融科技与企业去杠杆的逻辑关系，必须厘清中国非金融企业高杠杆率形成的原因。具体而言，中国企业高杠杆的形成原因主要在于政府以投资为主导的经济结构模式（谭小芬等，2019）、政府逆周期调节（谢里和张斐，2018）、政府部门预算软约束（蒋灵多和陆毅，2018）与对国有企业隐性担保（王擎和孟世超，2020）等政策抑制了市场“优胜劣汰”的出清机制，加剧要素扭曲和限制产品市场调节作用，从而导致资源的无序错配，最终致使高杠杆现象的出现。

金融科技作为金融模式的创新，凭借数字技术优势，能够有效缓解信贷市场的信息不对称，以及金融机构与企业间的委托代理问题，从而降低企业融资约束，弱化企业财务风险，最终降低企业杠杆率。从应用主体来看，金融科技分为银行金融科技与非银行金融科技两类，本章拟从以上视角论述金融科技对企业去杠杆的作用。

首先，从银行金融科技的角度来看，大数据、云计算等先进科技能够为传统银行业提供更多信息和数据支持，金融科技与银行业的深度融合能够减少银企间信息不对称，缩小信贷资源的结构性偏差，促使信贷资源向高价值、高效率的企业倾斜，从而降低高负债企业的杠杆率。信息不对称问题一直被学术领域所关注，Jaffee 和 Russell（1976）认为，由于信息不对称的存在使得银行无法准确了解借款企业的信用水平是形成信贷资源错配的主要原因。Stiglitz 和 Weiss（1981）研究发现，由于信息不对称使得借款人无法充分了解贷款人信息，从而会使优质的借款人选择退出借款市场，加剧了融资市场的不均衡性。在微观企业层面，Greenwald 等（1984）、Myers 和 Majluf（1984）研究发现，由于信息不对称而产生的信息差是企业出现融资约束的主要原因，同时对于信息差的补偿溢价是导致企业外源融资成本较高的重要原因。由此可见，银企间信息不对称导致的信贷资源错配是影响企业杠杆率的重要原因之一。在传统的银企关系中，银行由于无法全面掌握企业的完整信息，难以准确评估借款企业的信用风险。银行为了规避违约风险往往会提高借款利率以覆盖由于不确定性而带来的额外风险成本。此外，银行还会谨慎地进行信贷配给，将信贷资源向那些信息披露更充分、风险更可控的企业倾斜。信贷资源的错配易导致高成长性企业面临严重的融资约束，而部分经营不善、资不抵债的企业面临债务过剩的困境，从而导致资本结构失衡。

金融科技对传统银行业的赋能能够提高银企间的信息透明度，使信息在企业与银行等金融机构之间形成良性循环，充分发挥信贷市场的信息中介效应，进而缓解信贷资源错配导致的资本结构失衡问题。具体来说，一方面，金融科技与银行业的深度融合能够提高银行对信息的获取、处理与整合能力，增强信贷市场内外部信息的反馈机制，缓解企业由于信息不对称而受到的信贷歧视，使得外部资金更有效地流向需要资金支持的高质量企业，从而降低过度负债的劣质企业的杠杆率（Fuster 等，2019）。另一方面，凭借物联网与区块链的应用，银行金融科技能够全方位获取企业的信贷资金流向、投融资决策等信息并进行详尽的分析，这有助于实时、全方位地监测信贷风险变化，优化银行等金融机构的信贷风险识别方式，促使银行向更多技术密集型、轻资产类企业发放信贷资金，抑制低质企业杠杆率持续走高。融资约束程度的降低有利于企业及时获得投资、生产和经营所需的资金，保障企业的有效投资需求，提高企业投资经营的收益和盈利水平，使其有更多的经营活动现金流用于偿还债务，进而降低企业杠杆率，促进企业去杠杆。此外，银行金融科技对企业借款资金实际用途及流向的全网监控有利于提升贷中和贷后的精准管理水平，对借款企业潜在的高风险、损害企业价值的非效率行为进行及时反应和干预，降低管理层机会主义动机与机会（李真等，2023）。

其次，从非银行金融科技视角来看，金融科技可以缓解企业委托代理问题，抑制管理层机会主义行为，驱动企业去杠杆。降杠杆是企业管理层按照公司价值最大化原则优化经营策略的一项活动，而由于代理问题的存在，管理层很难遵循公司价值最大化原则，主动调整杠杆率（盛明泉等，2016）。Jensen 和 Meckling（1976）认为，由于所有权与控制权分离导致的委托代理问题会使管理层存在“短视行为”，存在有损企业价值的机会主义动机。管理层可能进行过度投资，从而增加企业债务规模，抬高杠杆率。此外，管理层可能会通过虚报利润来掩盖企业的实际财务状况，误导投资者和债权人追加资金，进而增加企业债务规模。

非银行金融科技为降低企业杠杆率提供了重要途径。具体而言，一方面，非银行金融科技平台在贷款前通过对企业财务信息、社会关系、信用评级等多维信息搜集与处理，能够准确捕捉企业的信用风险（彭俞超和马思超，2022），由此倒逼借款企业规范公司治理机制、强化合规管理，对管理层的行为进行约束和监督，促使企业调整杠杆率至合理范围。另一方面，非银行金融科技能够在贷后环节加强对借款企业风险行为的监督。非银行金融科技平台可以通过数据分析和算法模型监测借款企业的经营状况、财务指标、资金流向，这使得管理层很难掩盖公司真实的财务状况和运营表现，从而减少其机会主义行为的空间，有助于降低高负债企业的杠杆率。此外，非银行金融科技平台也能通过技术手段提高风险情况反馈效率，及时发现和控制企业风险，能够更好地监督借款企业的经营管理活动，抑制管理层进行机会主义行为的空间，从而驱动企业去杠杆。

基于以上分析，本章提出如下假设：

假设 6－1：金融科技能够促进企业去杠杆。

第三节　实证研究设计

一、数据来源与样本筛选

本章选取2011—2020年中国沪深A股上市公司为初始研究样本。金融科技数据来自北京大学数字金融研究中心编制的北京大学数字普惠金融指数，公司财务特征数据来源于CSMAR与CNRDS数据库，城市层面数据来源于《中国城市统计年鉴》。借鉴已有研究，本章按照以下标准对样本进行筛选与处理：（1）剔除金融类上市公司；（2）剔除相关数据缺失的样本；（3）剔除ST、*ST和PT类公司；（4）剔除资产负债率大于1的样本。为了消除异常观测值的影响，本章对所有连续变量在1%和99%的水平上进行缩尾处理。经过上述筛选和处理，最终得到28357个公司－年度观测值。

二、变量度量

1. 关键解释变量：金融科技发展程度

现有文献主要通过以下方式衡量金融科技发展程度：一是基于金融科技相关关键词，利用文本分析方法构建金融科技发展水平指数（盛天翔和范从来，2020；李春涛等，2020）；二是利用中国金融科技企业数据库（丁娜等，2020）或通过“天眼查”网站检索金融科技企业工商注册信息（宋敏等，2021）；三是通过微观层面的个人用户数据搭建的数字金融普惠指数（郭峰等，2020）。其中，北京大学数字普惠金融指数从覆盖广度、使用深度和数字化程度三个方面评估金融科技发展程度。覆盖广度以地区支付宝账户覆盖率等为主要指标，使用深度侧重于地区实际支付宝使用频率，数字化程度则评估地区数字金融服务的便捷性和金融效率（郭峰等，2016）。本章采用北京大学数字普惠金融指数的自然对数作为金融科技发展水平的代理变量。

2. 被解释变量：企业杠杆率

借鉴纪洋等（2018）、马文涛等（2023）的研究，本章使用总负债与总资产的比值衡量企业杠杆率。在稳健性检验中，本章借鉴王竹泉等（2019）的研究，使用有形资产负债率（*Lev_Tang*）与资本负债率（*Lev_Capital*）作为企业杠杆率的代理变量。

3. 控制变量

为了尽可能控制遗漏变量问题，本章分别在企业和地区层面控制如下可能影响企业杠杆率的因素。企业层面包括公司规模（*Size*）、企业年龄（*Age*）、营业收入增长率（*Growth*）、净资产收益率（*Roe*）、分析师跟踪数量（*Analyst*）、股权集中度（*Top*1）、独立董事比例（*Idratio*）。地区层面包括地区经济发展水平（*GDP*）、地区金融发展水平（*FD*）。本章主要变量的定义和计算方法如表6－1所示。

表6－1　　变量定义表

变量类型	变量名称	变量符号	变量度量
被解释变量	企业杠杆率	*Lev*	总负债/总资产
解释变量	金融科技	*Fintech*	北京大学数字普惠金融指数的自然对数
控制变量	公司规模	*Size*	年末总资产的自然对数
	企业年龄	*Age*	样本年份与上市年份的差值
	营业收入增长率	*Growth*	（本期营业收入－上期营业收入）/上期营业收入
	净资产收益率	*Roe*	净利润与净资产的比值
	产权性质	*Soe*	虚拟变量，国有企业取值为1，否则为0
	分析师跟踪数量	*Analyst*	分析师跟踪数量加1的自然对数
	股权集中度	*Top*1	第一大股东持股数量/总股数
	独立董事比例	*Idratio*	独立董事人数/董事总人数
	地区经济发展水平	*GDP*	各城市人均GDP的自然对数
	地区金融发展水平	*FD*	各城市金融机构存贷款余额/GDP

三、实证模型

为了检验金融科技是否能够降低企业杠杆率，本章构建以下实证模型，见式（6－1）：

$$Lev_{i,t} = \alpha_0 + \alpha_1 Fintech_{i,t} + \alpha_2 Controls_{i,t} + Year\ FE + Firm\ FE + \varepsilon_{i,t} \qquad 式（6-1）$$

其中，下标 i 和 t 分别表示公司 i 和第 t 年，被解释变量 *Lev* 为企业的资产负债率，代表企业的杠杆率水平，用总负债除以总资产衡量。*Fintech* 代表金融科技发展水平，用北京大学数字金融研究中心编制的地级市层面“中国数字普惠金融指数”的自然对数表示；*Controls* 为一系列影响企业杠杆率的公司层面与城市层面控制变量，ε 为随机扰动项。*Year FE* 代表年份固定效应，*Firm FE* 代表企业固定效应。*Fintech* 前的估计系数 α_1 捕捉了金融科技对企业杠杆率的影响，若 α_1 显著为负，则说明金融科技能够促进企业去杠杆。为缓解潜在的自相关问题干扰，本章将标准误在企业层面进行了聚类（cluster）处理。

第四节　实证结果与分析

一、描述性统计分析

表6－2报告了主要变量的描述性统计分析结果。金融科技（*Fintech*）的均值为5.308，中位数为5.439，标准差为0.413，表明在我国不同城市中，金融科技发展水平存在差异。企业资产负债率（*Lev*）均值为0.419，中位数为0.409，标准差为0.209，说明在本章样本中，不同企业的杠杆率差异较大。

表6－2　　　　主要变量的描述性统计分析

变量	N	Mean	SD	Min	Median	Max
Lev	28357	0.419	0.209	0.051	0.409	0.905
Fintech	28357	5.308	0.413	3.999	5.439	5.773
Size	28357	22.140	1.292	19.750	21.960	26.110
Age	28357	9.868	7.523	0.000	8.000	26.000
Roe	28357	0.0640	0.135	−0.692	0.074	0.355
Growth	28357	0.162	0.411	−0.593	0.100	2.618
Analyst	28357	1.427	1.172	0.000	1.386	3.761
*Top*1	28357	34.490	14.860	8.785	32.330	74.570
Idratio	28357	37.590	5.355	33.330	36.360	57.140
GDP	28357	10.260	4.427	2.216	10.160	20.350
FD	28357	3.984	1.702	1.238	3.657	8.661

二、基准回归结果

表6－3报告了金融科技发展与企业去杠杆的基准回归结果。第（1）列与第（2）列为控制年度、行业与城市固定效应的回归结果。其中，第（1）列为核心解释变量 *Fintech* 对企业资产负债率的回归结果，第（2）列

为进一步控制企业与地区特征的回归结果。核心解释变量 *Fintech* 系数分别为 -0.157 与 -0.182，均在1%统计水平上显著为负。行业层面随时间变化的不可观测因素会使本章回归结果产生偏差，对此，在第（3）列中进一步控制了年度 × 行业固定效应。结果显示，*Fintech* 系数为 -0.157，且在1%的统计水平上显著为负。为缓解企业间差异对回归结果的影响，在第（4）列中进一步控制年度与企业固定效应，*Fintech* 的回归系数依然在1%统计水平上显著为负。以上回归结果表明，金融科技发展能够有效降低企业杠杆率，验证了本章的假设。

表 6-3　　金融科技与企业去杠杆的回归结果

变量	(1)	(2)	(3)	(4)
	Lev	*Lev*	*Lev*	*Lev*
Fintech	-0.157***	-0.182***	-0.157***	-0.078***
	(-4.25)	(-5.83)	(-4.83)	(-2.72)
Size		0.085***	0.084***	0.090***
		(37.37)	(36.73)	(21.62)
Age		0.003***	0.003***	0.022**
		(6.54)	(6.75)	(2.13)
Roe		-0.331***	-0.331***	-0.271***
		(-28.12)	(-27.47)	(-27.08)
Growth		0.039***	0.039***	0.022***
		(12.88)	(12.56)	(9.66)
Analyst		-0.024***	-0.023***	-0.013***
		(-13.56)	(-13.23)	(-9.17)
Top1		-0.000**	-0.000*	0.000
		(-1.97)	(-1.71)	(0.54)
Idratio		-0.000	-0.000	0.000
		(-0.60)	(-0.68)	(0.62)
GDP		0.001	0.001	0.001
		(1.43)	(1.20)	(1.52)
FD		-0.002**	-0.002*	0.000
		(-2.17)	(-1.75)	(0.12)

续表

变量	(1)	(2)	(3)	(4)
	Lev	*Lev*	*Lev*	*Lev*
Constant	0.997***	-0.700***	-0.572***	-1.292***
	(6.53)	(-5.00)	(-3.18)	(-8.18)
Year FE	YES	YES	NO	YES
Industry FE	YES	YES	NO	NO
City FE	YES	YES	YES	NO
Firm FE	NO	NO	NO	YES
Year × Industry FE	NO	NO	YES	NO
观测值	28357	28357	28357	28357
Adj R^2	0.242	0.486	0.487	0.233

注：括号内报告的是 t 值；*、**、*** 分别代表在 10%、5% 和 1% 水平上显著，标准误在企业层面进行了 cluster 处理。

三、稳健性检验

1. 工具变量法

本章控制了年度与企业固定效应，并在回归模型中控制了企业与地区特征，但本章回归结论仍在一定程度上受到不可观测因素的影响。对此，本章采用工具变量法进一步缓解内生性问题。借鉴谢绚丽等（2018）和邱晗等（2018）的做法，引入上市公司所在地互联网普及率（*Internet_IV*）作为工具变量。作为重要的数字基础设施之一，互联网建设与金融科技发展息息相关，互联网普及率越高，金融科技发展水平越高，满足工具变量的相关性假设。与此同时，互联网发展很难直接对银行借款产生影响，满足工具变量的外生性假设。在第一阶段回归中，本章将互联网普及率（*Internet_IV*）作为核心解释变量，表 6-4 的回归结果显示，*Internet_IV* 的系数为 0.069，在 1% 统计水平上显著为正，说明城市的互联网发展水平与金融科技呈显著的正向关系。此外，Kleibergen-Paap rk LM 统计量为 934.519，拒绝弱工具变量的原假设。在第二阶段回归中，*Fintech* 的回归系数仍然在 1% 统计水平显著为负，说明在控制不可观测因素影响后，金融科技发展能够促进企业去杠杆的回归结论依然成立。

表 6-4　　金融科技与企业去杠杆：工具变量法

变量	(1)	(2)
	第一阶段	第二阶段
	Fintech	*Lev*
Internet_IV	0.069 *** (30.57)	
Fintech		-0.285 *** (-3.59)
Controls	YES	YES
Year FE	YES	YES
Firm FE	YES	YES
观测值	26797	26797
Adj R^2	0.994	0.194

注：括号内报告的是 t 值；*、**、*** 分别代表在 10%、5% 和 1% 水平上显著，标准误在企业层面进行了 cluster 处理。

2. 倾向得分匹配法

企业间特征差异会干扰本章研究结论，对此，本章进一步采用倾向得分匹配（PSM）法控制内生性问题对研究结论的干扰。具体而言，本章根据金融科技指数的年度中位数将样本分为金融科技发展程度高低两组，将金融科技指数高于年度中位数的样本设定为实验组，将金融科技指数低于年度中位数的样本设定为控制组。在此基础上，本章选取公司规模（*Size*）、企业年龄（*Age*）、营业收入增长率（*Growth*）、净资产收益率（*Roe*）、股权集中度（*Top*1）、独立董事比例（*Idratio*）等控制变量作为协变量，按照 1∶1 比例有放回的方式为实验组样本匹配特征相似的控制组样本。表 6-5 第（1）列展示了基于匹配后样本的回归结果，*Fintech* 的回归系数仍然显著为负，说明在缓解企业间差异的影响后，本章研究结论依然成立。

3. 熵平衡法

倾向得分匹配法过度依赖于 Logit 模型设定，在估计过程中会损失较多样本。熵平衡法可以在不损失样本的情况下实现实验组与控制组样本的协变量分布在均值、方差和偏度上基本平衡。对此，本章借鉴 Hainmueller

(2012）的研究，利用熵平衡法对两组样本进行匹配。本章将所有控制变量作为协变量，利用熵平衡法进行匹配后的回归结果如表6-5第（2）列所示。*Fintech* 的系数为-0.052，在10%统计水平上显著为负，说明金融科技能够促进企业降低杠杆率，与基准回归保持一致。

表6-5　金融科技与企业去杠杆：倾向得分匹配法与熵平衡法

变量	(1)	(2)
	倾向得分匹配法	熵平衡法
	Lev	*Lev*
Fintech	-0.061*	-0.052*
	(-1.85)	(-1.85)
Constant	-1.292***	-1.512***
	(-7.03)	(-7.94)
Controls	YES	YES
Year FE	YES	YES
Firm FE	YES	YES
观测值	15357	28357
Adj R^2	0.231	0.194

注：括号内报告的是t值；*、**、***分别代表在10%、5%和1%水平上显著，标准误在企业层面进行了cluster处理。

4. 替换解释变量

首先，本章参考解维敏等（2021）的研究，采用金融科技覆盖广度（*Fintech_breadth*）重新度量金融科技水平。回归结果如表6-7第（1）列所示，*Fintech_breadth* 与企业杠杆率仍存在显著的负向关系，说明金融科技促进企业杠杆率降低的主要结论依然成立。其次，鉴于北京大学数字普惠金融指数并非基于企业层面的信贷数据进行编制，这对于捕捉金融科技对微观企业的影响可能存在偏差。对此，本章借鉴已有研究（Ripberger，2011；盛天翔和范从来，2020），利用金融科技关键词的百度搜索指数衡量金融科技发展程度。互联网用户可以通过搜索引擎或各种在线平台获取大量覆盖了各个领域的实时信息和数据，从而更好地了解市场、行业和社会的动向。而分析用户或企业的搜索行为和搜索结果，可以深刻了解资本市场的发展趋势，感知新兴事物的发展趋势。因此，本章参考盛天翔和范从来（2020）的研究，构建金融科技百度搜索指数重新度量金融科技水平①。回归结果如表6-6第（2）列所示，金融科技发展程度（*Score*）的回归系数在1%统计水平上显著为负，主要结论保持不变。

表6-6　　　　　　金融科技与企业去杠杆：替换解释变量

变量	(1)	(2)
	Lev	*Lev*
Fintech_breadth	-0.038*	
	(-1.92)	
Score		-0.028***
		(-3.92)
Constant	-1.459***	-1.624***
	(-11.09)	(-15.72)
Controls	YES	YES
Year FE	YES	YES
Firm FE	YES	YES
观测值	28357	28357
Adj R^2	0.232	0.233

注：括号内报告的是t值；*、**、***分别代表在10%、5%和1%水平上显著，标准误在企业层面进行了cluster处理。

5. 替换被解释变量

借鉴王竹泉等（2019）的研究，本章使用有形资产负债率（*Lev_Tang*）与资本负债率（*Lev_Capital*）代替资产负债率进行回归。表6-7列示了更换被解释变量衡量方式的回归结果。*Fintech*的回归系数均显著为负，表明金融科技的发展可以抑制企业过高的杠杆率，促使杠杆率回归至合理水平。

① 与金融科技相关的关键词主要包括以下几个方面：（1）基本技术角度包括大数据、云计算、人工智能、区块链、生物识别；（2）资金支付角度包括在线支付、移动支付、第三方支付；（3）金融科技中介服务模式角度包括网贷、网上融资、网络融资、网络小额贷款、网络贷款、网银、网络银行、电子银行、在线银行、开放银行、互联网银行、直销银行；（4）金融科技的直接称呼角度包括互联网金融、金融科技。上述多层面指标全部采集后，采用熵值法确定权重，最后将多个指数合成为综合指数。

表 6-7　　　　金融科技与企业去杠杆：替换被解释变量

变量	(1)	(2)
	Lev_Tang	*Lev_Capital*
Fintech	-0.061*	-0.052*
	(-1.85)	(-1.85)
Constant	-1.292***	-1.512***
	(-7.03)	(-7.94)
Controls	YES	YES
Year FE	YES	YES
Firm FE	YES	YES
观测值	15357	28357
Adj R^2	0.231	0.194

注：括号内报告的是 t 值；*、**、*** 分别代表在 10%、5% 和 1% 水平上显著，标准误在企业层面进行了 cluster 处理。

第五节　金融科技降低企业杠杆率的机制检验

在前文理论分析中，金融科技能够通过降低信息不对称程度，抑制管理层机会主义行为，从而促使企业调整自身杠杆水平，降低企业杠杆率。在机制检验部分，本章进一步研究金融科技影响企业去杠杆的作用机制。

一、基于信息透明度的机制检验

机构投资者是资本市场的重要组成部分，机构投资者资金规模较大，专业知识较强，通过用手或用脚投票、实地调研等方式参与公司治理，有助于促进企业加强信息披露，增强企业信息透明度。而且，随着机构规模的扩大，机构之间的竞争使得公司私有信息被挖掘得更充分，股价信息含量更高，降低了市场与企业的信息不对称（冯用富等，2009）。机构投资者持股比例较高的企业信息不对称程度更低，信息透明度更高。基于此，本章考察不同机构投资者持股比例下金融科技对企业去杠杆的影响。

本章根据机构投资者持股比例将样本分为信息透明度高低两组，分别进行回归，结果如表 6-8 所示。在信息透明度高的样本组中，*Fintech* 的回归系数不具备统计意义上的显著性，而在信息透明度低的样本组中，

Fintech 的回归系数显著为负，说明当企业信息透明度较低时，金融科技对降低杠杆率的作用更加显著，即降低信息不对称、提高企业信息透明度是金融科技作用于企业杠杆率的潜在机制之一。

表 6-8　　金融科技与企业去杠杆：基于信息透明度的机制检验

变量	(1)	(2)
	信息透明度高	信息透明度低
	Lev	*Lev*
Fintech	-0.030	-0.123***
	(-0.77)	(-3.39)
Constant	-1.869***	-1.296***
	(-8.38)	(-6.16)
Controls	YES	YES
Year FE	YES	YES
Firm FE	YES	YES
观测值	14867	13490
Adj R^2	0.208	0.323

注：括号内报告的是 t 值；*、**、*** 分别代表在 10%、5% 和 1% 水平上显著，标准误在企业层面进行了 cluster 处理。

二、基于管理层机会主义行为的机制检验

管理层与股东目标不一致会引发代理问题，管理层可能通过杠杆操纵谋取私利，导致企业杠杆率过度增长（马新啸和窦笑晨，2022）。分布式账户、区块链等技术可以提升信息真实性，通过多渠道信息收集与多维度数据处理增强公司治理透明度，抑制管理层机会主义行为。因此，本章预测在代理成本高、管理层机会主义行为多的情境下，金融科技对企业杠杆率的抑制作用更为显著。

本章参考刘剑民等（2019）的研究，利用管理层超额薪酬衡量管理层机会主义行为，超额薪酬水平越高，代表管理层的机会主义行为越严重。本章以年度中位数为标准将样本分为超额薪酬高低两组，进行回归。表 6-9 报告了基于管理层机会主义行为的作用机制检验结果。当管理层超额薪酬较高时，金融科技能够显著抑制企业杠杆率，而当管理层超额薪酬较低时，两者无显著的因果关系。由此可见，降低代理成本、抑制管理层机会主义行为是金融科技影响企业杠杆率的潜在机制之一。

表 6－9　金融科技与企业去杠杆：基于管理层机会主义行为的机制检验

变量	(1)	(2)
	超额薪酬高	超额薪酬低
	Lev	*Lev*
Fintech	-0.138^{***} (-3.03)	-0.058 (-1.47)
Constant	-0.981^{***} (-3.86)	-1.292^{***} (-5.74)
Controls	YES	YES
Year FE	YES	YES
Firm FE	YES	YES
观测值	12336	12293
Adj R^2	0.234	0.180

注：括号内报告的是 t 值；*、**、*** 分别代表在 10%、5% 和 1% 水平上显著，标准误在企业层面进行了 cluster 处理。

第六节　金融科技降低企业杠杆率的异质性分析

一、地理区域对金融科技与企业杠杆率关系的影响

中国各地区因渐进式市场化改革，金融发展、互联网与信息技术发展及经济发展程度呈现空间聚集与梯次过渡趋势（陶然等，2009）。东部地区金融体系发达，基础设施完善，金融科技能更高效整合资源，提供便捷服务；互联网与信息技术水平更高，助力金融科技发展；经济开放程度高，市场竞争激烈，企业更积极应用金融科技实现数字化转型、拓展业务模式、提升客户体验。因此，金融科技对东部地区企业杠杆率影响更大，对非东部地区影响有限。

本章按照国家“十一五”规划纲要提出的战略区域划分标准将企业划分为东部地区企业和非东部地区企业两组，比较各样本组中金融科技对企业去杠杆的差异影响。回归结果如表 6－10 所示，*Fintech* 的回归系数在东部地区企业中显著为负，而在非东部地区企业中不显著，说明相

较于非东部地区企业，金融科技对东部地区企业杠杆率的降低作用更加明显。

表 6 - 10　金融科技与企业去杠杆：基于地理区域的异质性分析

变量	(1)	(2)
	东部地区企业	非东部地区企业
	Lev	*Lev*
Fintech	-0.127**	-0.015
	(-2.46)	(-0.38)
Constant	-0.883***	-1.558***
	(-3.46)	(-6.72)
Controls	YES	YES
Year FE	YES	YES
Firm FE	YES	YES
观测值	18026	10331
Adj R^2	0.234	0.206

注：括号内报告的是 t 值；*、**、*** 分别代表在 10%、5% 和 1% 水平上显著，标准误在企业层面进行了 cluster 处理。

二、产权性质对金融科技与企业杠杆率关系的影响

国有企业与民营企业在外部融资支持与融资行为等方面存在较大差异，两者对财务杠杆率的敏感性也显著不同。国有企业基于政府担保的优势，相对更容易获得大额银行贷款，导致国有企业的杠杆率显著高于民营企业（马文涛等，2023）。金融科技的发展为处于信贷劣势的民营企业提供了更多融资机会，能够推动金融机构将信贷资源由国有企业向民营企业转移，促进国有企业降低杠杆率。

为检验以上预期，本章将样本分为国有企业与民营企业两组，分别进行回归。表 6 - 11 的回归结果显示，在国有企业样本中，*Fintech* 的回归系数为 -0.124，在 1% 统计水平上显著为负；在民营企业样本中，*Fintech* 的回归系数为 0.015，且不具备统计意义上的显著性。以上回归结果说明，与民营企业相比，金融科技对国有企业去杠杆的作用更加显著。

表 6 - 11　金融科技与企业去杠杆：基于产权性质的异质性分析

变量	(1)	(2)
	国有企业	民营企业
	Lev	*Lev*
Fintech	-0.124***	0.015
	(-3.34)	(0.36)
Constant	-1.069***	-1.226***
	(-5.39)	(-4.60)
Controls	YES	YES
Year FE	YES	YES
Firm FE	YES	YES
观测值	9605	18232
Adj R^2	0.264	0.186

注：括号内报告的是 t 值；*、**、*** 分别代表在 10%、5% 和 1% 水平上显著，标准误在企业层面进行了 cluster 处理。

三、企业规模对金融科技与企业杠杆率关系的影响

在传统的债务契约关系中，相较于大型企业，小型企业由于难以提供高质量的信息披露与充足的抵押资产而处于“融资贵、融资难”的劣势地位（Pittman 和 Fortin，2004；Bharath 等，2007）。相比传统银行的风控方式，金融科技可以更全面、客观地分析企业的经营状况、财务表现、行业走势等多维数据，从而为小型企业提供更多贷款机会。此外，金融科技公司通过创新金融产品和服务，能够满足企业多样化的融资需求，拓宽企业的融资渠道。基于此，本章预测金融科技发展能够促使信贷资源从大型企业向优质的小型企业流动，降低大型企业杠杆率。

为检验企业规模对金融科技与企业杠杆率关系的影响，本章根据企业规模的年度中位数将样本分为大型企业与小型企业两组，比较两组回归中金融科技对企业杠杆率的差异化影响，回归结果如表 6 - 12 所示。结果显示，*Fintech* 的回归系数在大型企业的样本中为 -0.150，且在 1% 统计水平上显著为负，而在小型企业样本中不显著，说明金融科技能够促使信贷资源由大型企业向小型企业流动，其对杠杆率的降低作用在大型企业中更显著。

表 6 – 12　金融科技与企业去杠杆：基于企业规模的异质性分析

变量	(1)	(2)
	小型企业	大型企业
	Lev	*Lev*
Fintech	-0.013	-0.150***
	(-0.37)	(-3.26)
Constant	0.600***	0.817***
	(3.45)	(4.07)
Controls	YES	YES
Year FE	YES	YES
Firm FE	YES	YES
观测值	14019	14338
Adj R^2	0.098	0.179

注：括号内报告的是 t 值；*、**、*** 分别代表在 10%、5% 和 1% 水平上显著，标准误在企业层面进行了 cluster 处理。

四、金融监管力度对金融科技与企业杠杆率关系的影响

金融科技在创新业务模式的同时，也为金融领域带来前所未有的风险（胡滨，2022），金融科技积极作用的发挥与完善的金融监管息息相关。一方面，金融监管部门通过制定相关政策、规定和监管措施，能够引导金融科技企业在合规框架内开展业务，推动金融业更好地服务实体经济（王红建等，2023）。另一方面，金融监管部门加强对金融科技企业的监督管理，有助于保护用户的合法权益和隐私数据安全，防范金融风险和信息泄露，推动金融科技行业的健康发展。基于此，本章预期金融科技对企业杠杆率的影响在金融监管严格的地区更加显著。

为检验金融监管力度对金融科技与企业杠杆率关系的影响，本章借鉴唐松等（2020）的研究，利用区域金融监管支出与金融业增加值的比值衡量各地区金融监管力度。本章根据年度中位数将样本分为金融监管严格与宽松两组，进行分组检验。表 6 – 13 展示了基于金融监管力度的回归结果，*Fintech* 的回归系数在金融监管严格的样本组中显著为负，而在金融监管宽松的样本组中不显著，说明金融科技对企业杠杆率的抑制作用在金融监管严格的地区更加明显。

表 6－13　金融科技与企业去杠杆：基于金融监管力度的异质性分析

变量	(1)	(2)
	金融监管严格	金融监管宽松
	Lev	*Lev*
Fintech	－0.082**	0.012
	(－2.28)	(0.29)
Constant	－0.988***	－1.805***
	(－5.08)	(－8.13)
Controls	YES	YES
Year FE	YES	YES
Firm FE	YES	YES
观测值	14134	14223
Adj R^2	0.216	0.250

注：括号内报告的是 t 值；*、**、*** 分别代表在 10%、5% 和 1% 水平上显著，标准误在企业层面进行了 cluster 处理。

第七节　本章小结

企业高杠杆已经成为我国经济发展的一个重要风险因素，如何有效控制和降低企业杠杆水平，成为我国经济发展中亟待解决的重要问题。在此背景下，研究金融科技对企业去杠杆的影响具有重要的理论和现实意义。本章实证研究发现，金融科技能够促进企业去杠杆，且研究结论在进行工具变量法、倾向得分匹配法、熵平衡法等一系列稳健性检验后依然成立。作用机制研究发现，金融科技通过增强公司信息透明度、抑制管理层机会主义行为促使企业调整杠杆水平，降低杠杆率。同时，本章还发现，金融科技促进企业去杠杆的作用在国有企业、大型企业、东部地区企业以及金融监管严格的地区更为显著。通过研究金融科技对企业去杠杆的影响，可以有效降低企业的风险，提升金融体系的稳定性，有助于提高金融科技的应用价值，推动金融科技行业的进一步发展，为我国经济转型升级提供实质性支持。

第七章　金融科技与企业“脱虚向实”

第一节　研究问题的提出

实体经济是现代社会经济的基础，是国家经济发展的根本。然而，面对当前经济下行压力加大，市场需求日益下降以及实体经济投资回报率下滑的现实情况，部分企业开始通过金融或房地产投机项目追求高额利润和快速回报（张成思和张步昙，2016；彭俞超等，2018）。金融化分散了企业的发展重心，使其无法持续为产业升级提供具有竞争力的产品和服务，削弱了实体经济的核心竞争力（解维敏，2018；谢富胜和匡晓璐，2020）。因此，探讨如何抑制企业金融化趋势，推动经济“脱虚向实”是具有明显理论和现实意义的研究问题。

理论上，企业大多基于以下动机投资金融资产：第一，企业会将投资金融资产视为一种保值和避险的策略。由于金融资产大多具有较强的流动性，能够为企业提供灵活的资金支持和变现渠道（Almeida 等，2004），这有助于确保企业在面临不利经济条件或外部冲击时有足够的储备资本进行应对和维持经营状态（胡奕明等，2017）。第二，企业投资金融资产也可以被视为一种风险规避的手段。金融市场提供了一系列的风险管理工具，例如，期货、期权、金融衍生品等，企业可以利用这些工具来对冲或降低自身面临的市场波动和环境风险（顾雷雷等，2020）。第三，为了应对来自股东、投资者或市场预期的短期业绩压力，企业也有动机采取短期投机的金融投资策略。然而，这种投机行为会使企业过度关注短期表现，暴露于市场价格波动和不确定性之中，不利于实现长期战略目标和稳定发展（谢富胜和匡晓璐，2020）。特别是，彭俞超等（2018）研究发现，由于中国资本市场的短期波动性较大，因此相较于企业投资金融资产的其他可能性，企业更多地基于短期逐利的动机进行金融投资。

引导企业“脱虚向实”，关键在于转变经营理念，推动技术转化以及加强与金融机构和产品市场的有效对接。基于此，金融科技可以缓解企业为短期逐利进而投资金融资产的动机。首先，金融科技通过提供更全面的数据分析和预测能力，帮助企业更好地理解市场的长期变化趋势和风险（谢雪燕和朱晓阳，2021），减少对短期价格波动的过度关注，发现更长期、持续的投资机会，进而促使企业投资实物资产。其次，金融科技还可以通过建立更加透明和高效的交易、结算系统，降低由于企业与债权人之间的信息不对称引发的代理问题。具体而言，通过数据分析和监控技术实现对企业资金使用的实时追踪和监管，债权人可以更准确地了解资金的使用情况，降低企业将外借资金投资于高风险金融资产的可能性（陈春华等，2021）。最后，金融科技的信息技术和互联网技术使企业能够通过在线平台便捷地获取融资，不再受制于传统金融机构的地域限制和繁杂流程，从而降低融资成本（解维敏等，2021），这使企业有更加充足的资金投资实体产业。

在文献层面，虽然已有研究从宏观政策的稳定性（孟宪春等，2018）、CEO 金融背景（杜勇等，2019）、数字化转型（陈春华等，2021）、产业政策（郭飞等，2022）等不同角度探讨了促使企业“脱虚向实”的影响因素，但关于金融科技与企业“脱虚向实”关系的研究尚不充分，还需要更多的证据进行验证。因此，本章进一步研究金融科技对微观企业“脱虚向实”的现实影响和路径机制，从而为深入理解金融科技在促进企业实体经济发展、改善信贷资源配置、提升企业创新能力等方面的作用提供理论基础和实证证据。

第二节 理论分析与研究假设的提出

企业在进行投资时可以选择实体资产或金融资产。其中，金融资产是以货币形式存在的金融工具，例如，股票、债券、衍生品等，主要通过金融市场进行买卖和交易，而实体资产是具体的物质和实物资产，例如，土地、建筑物、设备等，是实体经济生产和经营的基础，这两种资产在投资方式、流动性、回报特征以及市场风险等方面都存在显著区别（Ebrahim 和 Hussain，2010）。第一，相较于金融资产的高流动性，实体资产的买卖和转让过程更加复杂，投资转移需要更多的时间和搜寻成本（Almeida 等，2004）。第二，金融资产的盈利主要通过投资市场的价格波动和交易利差实现，回报多依赖于价格变动和市场环境。相较之下，实体资产的盈利主要源于直接参与实体经济的经营活动，回报来自实际生产、销售和服务的收入。企业投资金融资产虽然可以在较短时间内实现盈利，但是此类利润并非通过直接参与实体经济的生产和价值创造获得，导致投资资金长期处于虚拟资产交易中，不利于企业长期发展（谢富胜和匡晓璐，2020）。第三，相较于实体投资，金融资产投资涉及更多市场风险，更容易受到宏观经济形势、政策变化、市场情绪、国际形势等因素的干扰（彭俞超等，2018）。具体来说，金融科技可能通过以下机制促进企业“脱虚向实”。

首先，当信息不对称程度较高时，企业难以评估实体投资的风险和回报。相比之下，金融资产的市场信息更加透明和公开，企业更容易获取和理解相关信息，从而更倾向于投资金融资产以规避实体投资的未来不确定性（Bessembinder，1991）。此外，金融资产通常具有较高的流动性和灵活性，相对于实体投资更容易买卖和调整头寸（Almeida 等，2004）。在信息不对称程度较高的情况下，企业更倾向于选择具有较高流动性和灵活性的金融资产，以便更快地应对市场变化和外部风险。针对该问题，金融科技通过数字化技术和互联网的应用，为企业提供了更灵活和高效的信息获取途径（沈悦和郭品，2015）。企业可以通过在线平台、数据分析工具等获取市场信息、商业数据和行业动态，从而更准确地评估市场需求、竞争形势和消费者行为，有针对性地调整经营策略和产品定位（丁娜等，2020）。

其次，企业与债权人之间存在着委托代理问题，即债权人希望确保其本金安全，而企业可能会出于自身利益考虑将债权人资金投入风险更高的投资项目，以追求更高的回报（Jensen 和 Meckling，1976）。其中，企业将债务资金投资于风险更高的金融资产则直接反映了企业与债权人代理问题的存在。从事前筛选的角度来看，金融科技可以提高企业信息透明度，使债权人更容易获得关于企业的财务状况、经营绩效和风险管理等方面的信息，这有助于减少信息不对称，增加债权人对企业决策的理解和监督，从而缓解代理问题（黄益平和黄卓，2018；Hua 等，2019）。从事后监督的角度来看，借助区块链等技术，金融科技可以实现智能合约和更加有效的监控机制。智能合约可以通过预设的自动化条件和触发机制，对企业使用债权人资金的具体用途和风险进行实时监控与控制，有效地约束企业管理者的行为，降低代理问题带来的风险（Itay 等，2019）。

最后，当信贷市场紧缩时，企业可能难以获得足够的融资支持。此时，企业有动机将闲置资金投资于金融资产，以应对融资不足导致的投资短缺问题（Almeida 等，2004）。并且，若企业只能以高昂的成本获取融资，其可能更愿意将资金投资于相对低成本的金融资产，以获取更好的资金利用效率（谢富胜和匡晓璐，2020）。针对此类情况，金融科技的发展提供了更多的直接融资机会。企业可以直接与投资者进行资金对接，降低了融资的中间环节和成本，同时丰富了融资渠道的多样性（王馨，2015；王达，2018；周光友等，2020）。

基于此，本章提出如下假设：

假设7-1：金融科技的发展会抑制企业金融化，有利于促进企业“脱虚向实”。

第三节　实证研究设计

一、样本选择与数据来源

由于北京大学数字普惠金融指数以2011年为测度各城市金融科技发展程度的起始时间，本章选择2011—2020年沪深两市A股上市公司作为研究样本。参考周泽将等（2023）、王蕾等（2024）的研究，本章按照如下标准对样本公司进行筛选：（1）剔除金融业公司样本；（2）剔除ST、*ST和PT类企业；（3）剔除主要变量数据缺失的样本。同时，为避免异常值对研究结果的影响，本章对每个连续变量都进行1%和99%的缩尾处理。经过上述筛选和处理，最终得到4027家上市公司27792个样本观测值。本章的数据来源于以下途径：（1）金融科技数据来自北京大学数字金融研究中心编制的北京大学数字普惠金融指数；（2）企业经营数据来源于国泰安（CSMAR）数据库；（3）地区层面数据来源于《中国统计年鉴》。

二、变量定义

1. 被解释变量：企业金融化水平（*Fin*）

借鉴李真等（2023）、周泽将等（2023）、王蕾等（2024）的研究，本章采用金融资产与总资产的比值衡量企业金融化水平。其中，金融资产包括交易性金融资产、衍生金融资产、买入返售金融资产净额、发放贷款及垫款净额、可供出售金融资产净额、持有至到期投资净额、长期股权投资净额与投资性房地产，该比值越高，说明企业金融化趋势越严重。此外，在稳健性检验中，本章进一步将应收利息与应收股利纳入金融资产范围，重新计算企业金融化水平。与此同时，借鉴刘贯春等（2019）、王蕾等（2024）的研究方法，本章计算狭义的金融渠道获利作为企业金融化代理指标。其中，狭义的金融渠道获利定义为投资收益、公允价值变动损益和其他综合收益加总后扣除对联营企业和合营企业的投资收益，并通过营业利润进行标准化处理。

2. 关键解释变量：金融科技（*Fintech*）

参考已有研究（孟娜娜等，2020；彭俞超和马思超，2022；周广肃和丁相元，2023），本章选择北京大学数字普惠金融指数作为金融科技的度量指标，并对其取对数处理。

3. 控制变量

本章分别在企业和地区层面控制如下变量：公司规模（*Size*）、企业年龄（*Age*）、资产负债率（*Lev*）、固定资产占比（*Tang*）、现金流水平（*CFO*）、营业收入增长率（*Growth*）、总资产收益率（*Roa*）、产权性质（*Soe*）、机构投资者持股比例（*Inshare*）、股权集中度（*Top*1）、独立董事比例（*Idratio*）、地区经济发展水平（*GDP*）、地区金融发展水平（*FD*）。本章主要变量的定义和计算方法如表 7－1 所示。

表 7－1　　变量定义表

变量类型	变量名称	变量符号	变量度量
被解释变量	企业金融化水平	*Fin*	金融资产/总资产
解释变量	金融科技	*Fintech*	北京大学数字普惠金融指数的自然对数
控制变量	公司规模	*Size*	年末总资产的自然对数
	企业年龄	*Age*	样本年份与上市年份的差值
	资产负债率	*Lev*	年末总负债除以年末总资产
	固定资产占比	*Tang*	固定资产/总资产
	现金流水平	*CFO*	经营性现金流与总资产的比值
	营业收入增长率	*Growth*	（本期营业收入－上期营业收入）/上期营业收入
	总资产收益率	*Roa*	净利润与总资产的比值
	产权性质	*Soe*	虚拟变量，国有企业取值为 1，否则为 0
	机构投资者持股比例	*Inshare*	机构投资者持股总数除以总股数
	股权集中度	*Top*1	第一大股东持股数量除以总股数
	独立董事比例	*Idratio*	独立董事人数/董事总人数
	地区经济发展水平	*GDP*	各城市 GDP 增长率
	地区金融发展水平	*FD*	各城市金融机构存贷款余额/GDP

三、模型设定

为检验金融科技对企业金融化的影响，本章设定如下回归模型，见式（7－1）：

$$Fin_{i,t} = \alpha_0 + \alpha_1 Fintech_{i,t} + \alpha_2 Controls_{i,t} + Year\ FE + Firm\ FE + \varepsilon_{i,t}$$

式（7－1）

其中，下标 i 和 t 分别表示公司 i 和第 t 年，被解释变量 *Fin* 代表企业金融化水平，用金融资产占总资产比例衡量。*Fintech* 代表金融科技发展水平，基于北京大学数字金融研究中心编制的地级市层面“中国数字普惠金融指数”度量；*Controls* 为一系列影响企业金融化程度的公司层面与城市层面控制变量，ε 为随机扰动项。*Year FE* 代表年份固定效应，*Firm FE* 代表企业固定效应。*Fintech* 前的估计系数 α_1 反映了金融科技对企业金融化水平的影响，若 α_1 显著为负，则说明金融科技能够抑制企业金融化趋势，促进企业“脱虚向实”。为缓解潜在的自相关问题干扰，本章将标准误在企业层面进行了聚类调整。

第四节　实证结果与分析

一、描述性统计分析

表 7－2 报告了主要变量的描述性统计结果。企业金融化水平（*Fin*）的均值为 0.071，中位数为 0.029，标准差为 0.104，表明不同企业的金融化水平存在较大差异。金融科技（*Fintech*）的均值为 5.305，标准差为 0.415，表明我国不同城市之间的金融科技发展水平差距较大。

表 7－2　　主要变量的描述性统计

变量名称	N	Mean	SD	Min	Median	Max
Fin	27792	0.071	0.104	0	0.029	0.543
Fintech	27792	5.305	0.415	3.999	5.435	5.773
Size	27792	22.140	1.290	19.750	21.960	26.110
Age	27792	9.914	7.521	0.000	8.000	26.000
Lev	27792	0.420	0.209	0.051	0.410	0.905

续表

变量名称	N	Mean	SD	Min	Median	Max
Tang	27792	0. 207	0. 159	0. 002	0. 173	0. 695
CFO	27792	0. 045	0. 070	-0. 172	0. 045	0. 238
Roa	27792	0. 036	0. 065	-0. 299	0. 037	0. 189
Growth	27792	0. 396	1. 044	-0. 756	0. 138	7. 424
Soe	27792	0. 347	0. 476	0. 000	0. 000	1. 000
Inshare	27792	0. 448	0. 251	0. 003	0. 464	0. 930
Top1	27792	0. 348	0. 148	0. 088	0. 327	0. 746
Idratio	27792	0. 376	0. 053	0. 333	0. 357	0. 571
GDP	27792	7. 652	2. 891	0. 380	7. 600	15. 400
FD	27792	3. 978	1. 701	1. 238	3. 647	8. 661

二、基准回归结果

表7-3报告了金融科技发展对企业金融化影响的基准回归结果。第（1）列为控制年度、行业与城市固定效应的回归结果。核心解释变量 *Fintech* 系数为 -0. 047，在1%的统计水平上显著为负。考虑到行业层面随时间变化的不可观测因素会使本章回归结果产生偏差，在第（2）列中进一步控制了年度×行业固定效应。结果显示，*Fintech* 系数为 -0. 035，且在5%的统计水平上显著为负。为缓解企业间差异对回归结果的影响，在第（3）列中进一步控制年度与企业固定效应。回归结果显示，*Fintech* 的系数在1%的统计水平上显著为负。该结果也具有显著的经济意义，以第（3）列为例，*Fintech* 每变动一个标准差，企业金融资产占比下降约26. 32%（-0. 045×0. 415/0. 071）。以上回归结果表明，金融科技发展水平越高，对企业金融化趋势的抑制作用越强，越能促进企业“脱虚向实”，验证了本章的假设。

表7-3　　金融科技发展对企业金融化影响的基准回归结果

变量	(1)	(2)	(3)
	Fin	*Fin*	*Fin*
Fintech	-0. 047***	-0. 035**	-0. 045***
	(-2. 81)	(-2. 07)	(-3. 06)

续表

变量	(1)	(2)	(3)
	Fin	*Fin*	*Fin*
Size	0. 003 *	0. 003 **	-0. 008 ***
	(1. 91)	(2. 02)	(-3. 36)
Age	0. 004 ***	0. 004 ***	0. 022 ***
	(15. 27)	(15. 47)	(2. 62)
Lev	-0. 101 ***	-0. 106 ***	-0. 014
	(-12. 03)	(-12. 36)	(-1. 59)
Tang	-0. 135 ***	-0. 135 ***	-0. 078 ***
	(-13. 26)	(-13. 19)	(-7. 53)
CFO	0. 005	-0. 005	-0. 002
	(0. 39)	(-0. 38)	(-0. 23)
Roa	-0. 051 ***	-0. 046 ***	-0. 040 ***
	(-3. 23)	(-2. 81)	(-3. 55)
Growth	-0. 005 ***	-0. 005 ***	-0. 001
	(-5. 50)	(-5. 49)	(-1. 50)
Soe	-0. 000	-0. 001	0. 001
	(-0. 05)	(-0. 31)	(0. 22)
Inshare	-0. 014 ***	-0. 013 **	-0. 035 ***
	(-2. 63)	(-2. 48)	(-5. 29)
*Top*1	0. 000	0. 000	0. 000
	(0. 41)	(0. 53)	(0. 13)
Idratio	0. 000	0. 000	-0. 000
	(0. 42)	(0. 29)	(-0. 68)
GDP	0. 001	0. 000	0. 001 **
	(1. 35)	(0. 86)	(2. 47)
FD	0. 000	0. 001	0. 001 **
	(0. 47)	(0. 80)	(1. 96)
Constant	0. 224 ***	0. 224 **	0. 341 ***
	(2. 99)	(2. 38)	(3. 70)
Year FE	YES	NO	YES
Industry FE	YES	NO	NO
City FE	YES	YES	NO
Firm FE	NO	NO	YES

续表

变量	(1)	(2)	(3)
	Fin	*Fin*	*Fin*
Year × Industry FE	NO	YES	NO
观测值	27792	27792	27792
Adj R^2	0. 232	0. 240	0. 084

注：括号内报告的是 t 值；*、**、*** 分别代表在 10%、5% 和 1% 水平上显著，标准误在企业层面进行了 cluster 处理。

三、稳健性检验

1. 工具变量法

本章回归结果可能会受到不可观测因素的干扰，基于此，本章采用工具变量法缓解不可观测因素带来的偏误。借鉴彭俞超和马思超（2022）的研究，本章采用互联网普及率（*Internet_IV*）作为金融科技的工具变量。互联网是金融科技发展的重要数字基础设施，互联网普及率与各地区金融科技发展水平息息相关，互联网普及率越高的城市，金融科技的发展水平越高，满足工具变量相关性假设。此外，各地区互联网普及率并不会直接影响企业金融资产占有率，满足工具变量外生性假设。本章利用每百人互联网宽带用户度量各城市互联网普及率，并将其作为解释变量放入工具变量第一阶段的回归模型中。表 7－4 的结果显示，*Internet_IV* 的系数为 0. 061，在 1% 的统计水平上显著为正，说明各城市互联网普及率与金融科技发展水平具有显著的正向关系。此外，Kleibergen－Paap rk LM 统计量为 621. 981，远高于临界值，拒绝弱工具变量的原假设。在第二阶段回归中，*Fintech* 回归系数在 5% 的统计水平上显著为负，说明在控制不可观测因素影响后，金融科技能够抑制企业金融化趋势的回归结论依然成立。

表 7－4　　金融科技与企业“脱虚向实”：工具变量法

变量	(1)	(2)
	第一阶段	第二阶段
	Fintech	*Fin*
Internet_IV	0. 061*** (24. 94)	
Fintech		－0. 114** (－2. 33)

续表

变量	(1)	(2)
	第一阶段	第二阶段
	Fintech	*Fin*
Controls	YES	YES
Year FE	YES	YES
Firm FE	YES	YES
Kleibergen - Paap rk LM 统计量	621.981	
观测值	26911	26911
Adj R^2	0.994	0.015

注：括号内报告的是 t 值；*、**、*** 分别代表在 10%、5% 和 1% 水平上显著，标准误在企业层面进行了 cluster 处理。

2. 双重差分法

本章进一步采用双重差分法来缓解潜在的内生性问题。国务院于 2015 年 12 月 31 日发布了《推进普惠金融发展规划（2016—2020 年）》，旨在推动非银行金融机构利用信息技术进行优化升级。这一政策对于各地区非金融科技发展而言是相对外生的冲击，为本章构造双重差分模型以识别金融科技发展水平与企业金融化之间的因果关系提供了一个良好的实验场景。因此，参考宋敏等（2021）的研究，本章利用该政策的出台构建双重差分模型，识别金融科技与企业金融化之间的关系。由于各地区金融科技的发展水平不同，在政策发布前金融科技发展较弱的地区受到的冲击相对较大。本章根据 2014 年年末各地级市金融科技发展水平的中位数将样本分为高低两组，其中，金融科技发展水平低的城市作为实验组，而金融科技发展水平高的城市作为控制组。据此，构建如下双重差分模型，见式（7 - 2）：

$$Fin_{i,t} = \beta_0 + \beta_1 Treat_{i,t} \times Post_{i,t} + \beta_2 Controls_{i,t} + Year\ FE + Firm\ FE + \varepsilon_{i,t} \quad 式（7-2）$$

其中，下标 i 和 t 分别表示企业 i 和第 t 年，*Fin* 为企业金融化水平，用金融资产占总资产比例衡量。*Treat* 为金融科技发展程度的分组变量，当样本属于实验组时，*Treat* 取值为 1，当样本属于对照组时，*Treat* 取值为 0。*Post* 是时间虚拟变量，2015 年及以后取值为 1，之前取值为 0。其他控制变量与式（7 - 1）相同。其中，$Treat \times Post$ 的系数 β_1 反映了外生政策导致的金融科技水平变化对企业金融化的影响，如果 β_1 显著为负，说明受政策冲击较大的地区，企业金融化水平显著下降，即金融科技能够显著抑制企业金融化趋势。回归结果如表 7－5 所示，无论是否控制企业与地区层面特征变量，*Treat* × *Post* 的系数都在 5% 的统计水平上显著为负，说明本章研究结论在控制潜在内生性问题后依然成立。

表 7－5　　金融科技与企业“脱虚向实”：双重差分法估计结果

变量	(1)	(2)
	Fin	*Fin*
Treat × *Post*	－0.010**	－0.011**
	(－2.33)	(－2.54)
Constant	0.048***	0.146**
	(35.20)	(2.17)
Controls	NO	YES
Year FE	YES	YES
Firm FE	YES	YES
观测值	27792	27792
Adj R^2	0.068	0.084

注：括号内报告的是 t 值；*、**、*** 分别代表在 10%、5% 和 1% 水平上显著，标准误在企业层面进行了 cluster 处理。

3. 替换被解释变量

首先，本章借鉴刘贯春等（2019）、王蕾等（2024）的研究方法，将金融渠道获利作为实体企业金融化的代理指标。本章将狭义的金融渠道获利定义为投资收益、公允价值变动损益和其他综合收益加总后扣除对联营企业和合营企业的投资收益，计算结果与营业利润之差除以营业利润的绝对值定义为企业金融化水平。回归结果如表 7－6 第（1）列所示，*Fintech* 的回归系数依然显著为负。其次，本章在原金融资产定义范围内加入应收利息与应收股利，重新计算企业金融化水平，回归结果如表 7－6 第（2）列所示，*Fintech* 的回归系数为－0.043，在 1% 的统计水平上显著为负。以上回归结果说明，在替换被解释变量后，本章主要结论依然稳健。

表 7－6　　金融科技与企业“脱虚向实”：替换被解释变量

变量	(1)	(2)
	Fin_narrow	*Fin_add*
Fintech	－0.141***	－0.043***
	(－3.24)	(－2.95)

续表

变量	(1)	(2)
	Fin_narrow	*Fin_add*
Constant	1.670*** (7.37)	0.334*** (3.64)
Controls	YES	YES
Year FE	YES	YES
Firm FE	YES	YES
观测值	27792	27792
Adj R^2	0.140	0.083

注：括号内报告的是 t 值；*、**、*** 分别代表在 10%、5% 和 1% 水平上显著，标准误在企业层面进行了 cluster 处理。

4. 替换解释变量

本章借鉴谢绚丽等（2018）以及解维敏等（2021）的研究，采用数字普惠金融指数中金融科技覆盖广度（*Fintech_breadth*）子指数重新度量金融科技水平。上述回归结果如表 7－7 第（1）列所示，结果显示，*Fintech_breadth* 的回归系数在 5% 的统计水平上显著为负，说明金融科技普及范围的扩大，有助于抑制企业金融化水平。其次，本章参考宋敏（2021）的研究，利用地级市每年金融科技公司数量（*FintechN*）测度金融科技发展水平，数值越大，代表金融科技发展水平越高。回归结果如表 7－7 第（2）列所示，*FintechN* 的回归系数在 1% 的统计水平上显著为负，证明基准回归的估计结果具备稳健性。

表 7－7　　金融科技与企业“脱虚向实”：替换解释变量

变量	(1)	(2)
	Fin	*Fin*
Fintech_breadth	−0.028** (−2.58)	
FintechN		−0.004*** (−3.04)
Constant	0.266*** (3.25)	0.142** (2.10)
Controls	YES	YES
Year FE	YES	YES
Firm FE	YES	YES

续表

变量	(1)	(2)
	Fin	*Fin*
观测值	27792	27792
Adj R^2	0.084	0.084

注：括号内报告的是 t 值；*、**、*** 分别代表在 10%、5% 和 1% 水平上显著，标准误在企业层面进行了 cluster 处理。

5. 排除其他替代性解释

（1）排除其他技术进步的影响。本章回归结论也可能是其他类型技术进步导致的。基于此，本章进一步在模型中控制企业工业机器人应用程度（*Robot*）以及数字基础设施发展程度（*Digital*）。本章参考王永钦和董雯（2020）的计算方法，根据国际机器人联合会（IFR）公布的工业机器人数据推算企业工业机器人渗透率。此外，“宽带中国”政策极大地促进了数字基础设施的发展，本章设置虚拟变量 *Digital* 作为数字基础设施建设的代理变量，企业所在城市入选“宽带中国”试点城市的当年及以后年份取值为 1，否则为 0。回归结果如表 7－8 第（1）列所示，结果显示，在控制其他类型技术进步的影响后，*Fintech* 的系数仍然在 1% 的统计水平上显著为负，说明本章结论不受其他类型技术进步的影响。

（2）排除金融监管政策的影响。样本期间内我国出台的各类金融监管政策会影响实体企业金融化程度。例如，2018 年资管新规出台后，银保监会加大了对金融机构开展资产管理业务的监管处罚力度，进而影响企业金融资产持有比例。此外，2018 年，省级地方金融工作办公室集中升格为地方金融监督管理局，开始重点监管金融资产逃离现象，从而影响实体企业金融化水平（王蕾等，2024）。为排除金融监管政策的影响，本章借鉴唐松等（2020）的研究，利用区域金融监管支出与金融业增加值的比值衡量各地区金融监管强度，加入基准回归中，回归结果如表 7－8 第（2）列所示，*Fintech* 的系数为 －0.047，且在 1% 的统计水平上显著为负，说明本章回归结论不受同时期金融监管政策的影响。

（3）排除中美贸易摩擦的影响。根据王蕾等（2024）的研究，2018 年全面爆发的中美贸易摩擦会影响企业金融资产投资，海外业务依赖程度高的企业可能会削减金融资产投资，增加实体投资。对此，本章计算了上市公司对美进出口份额占总资产的比重，并将其作为控制变量加入回归模型中，表 7－8 第（3）列展示了回归结果。*Fintech* 的系数依然显著为负，说明金融科技对企业金融化的影响不受中美贸易摩擦的干扰。

表 7-8　　金融科技与企业“脱虚向实”：排除其他替代性解释

变量	(1)	(2)	(3)
	排除其他技术进步的影响	排除金融监管政策的影响	排除中美贸易摩擦的影响
	Fin	*Fin*	*Fin*
Fintech	-0.048*** (-3.11)	-0.047*** (-3.12)	-0.045*** (-3.07)
Robot	-0.000 (-0.19)		
Digital	0.003 (0.19)		
Regulate		-0.075 (-0.97)	
Rely			-1.461** (-2.35)
Constant	0.387*** (3.99)	0.348*** (3.76)	0.353*** (3.82)
Controls	YES	YES	YES
Year FE	YES	YES	YES
Firm FE	YES	YES	YES
观测值	25859	27792	27792
Adj R^2	0.079	0.084	0.084

注：括号内报告的是 t 值；*、**、*** 分别代表在 10%、5% 和 1% 水平上显著，标准误在企业层面进行了 cluster 处理。

6. 其他稳健性检验

（1）剔除金融资产为 0 的样本。本章进一步剔除样本中金融资产为 0 的企业重新进行回归，结果如表 7-9 第（1）列所示，金融科技与企业金融化的负向关系保持不变。

（2）剔除直辖市样本。考虑到直辖市具有特殊的政治地位和较高的经济发展水平，从而导致其金融科技发展水平远高于其他城市，本章进一步剔除直辖市样本以排除政治地位与经济发展水平对回归结果的干扰。表 7-9 第（2）列的回归结果显示，*Fintech* 的系数依然显著为负，进一步说明本章结论具有稳健性。

（3）控制样本选择性偏差。企业金融化取值范围为非负整数，且部分企业金融资产为0，使用OLS回归模型易使回归结论产生偏差。对此，本章使用Tobit模型重新进行回归，如表7-9第（3）列所示，核心解释变量*Fintech*的系数为-0.058，且在1%的统计水平上显著为正，说明在考虑受限样本选择性偏差后，本章回归结论依然成立。

（4）控制金融科技的溢出效应。本章回归结果易受到周围城市金融科技发展溢出效应的影响，对此，本章计算各城市200公里以内非本市金融科技公司数目（*FinN*200），并加入回归模型中。表7-9第（4）列回归结果显示，核心解释变量*Fintech*的系数依然在1%统计水平上显著为负，说明本章回归结论不太可能是由其他城市金融科技发展的溢出效应导致的。

表7-9　　金融科技与企业“脱虚向实”：其他稳健性检验

变量	(1)	(2)	(3)	(4)
	剔除金融资产为0的样本	剔除直辖市样本	控制样本选择性偏差	控制金融科技的溢出效应
	Fin	*Fin*	*Fin*	*Fin*
Fintech	-0.043***	-0.055***	-0.058***	-0.047***
	(-2.62)	(-3.57)	(-2.96)	(-2.77)
*FinN*200				0.002
				(1.20)
Constant	0.463***	0.424***	0.164*	0.299***
	(4.40)	(4.44)	(1.81)	(3.03)
Controls	YES	YES	YES	YES
Year FE	YES	YES	YES	YES
Firm FE	YES	YES	YES	YES
观测值	24387	22267	27792	24438
Adj R^2	0.076	0.088		0.089
Pseudo R^2			-0.260	

注：第（1）（2）（4）列括号内报告的是t值，第（3）列括号内报告的是z值；*、**、***分别代表在10%、5%和1%水平上显著，标准误在企业层面进行了cluster处理。

第五节　金融科技抑制企业金融化的机制检验

一、金融科技、信息不对称与企业“脱虚向实”

参考宋敏等（2021）的研究，本章基于个股交易数据计算流动性比率指标、非流动性比率指标和收益率反转指标，并对上述指标进行主成分分析，构建信息不对称的综合指标。其次，证券分析师具有广泛的信息渠道与较高的专业能力，能够深刻地解读、挖掘公司财务报告的信息，传递给资本市场中的投资者，降低企业的信息不透明度。因此，本章借鉴潘越等（2011）的研究，利用上市公司的分析师跟踪人数衡量信息不对称程度，企业的分析师跟踪人数越多，信息不对称程度越低。本章根据信息不对称指数与分析师跟踪人数的年度行业中位数将样本分为信息不对称高低两组，分别进行回归。如表 7－10 所示，在信息不对称程度高的样本组中，*Fintech* 的回归系数分别为－0.052 与－0.046，且在5%的统计水平上显著为负，而在信息不对称程度低的组中，*Fintech* 的回归系数不显著。上述结果说明，降低信息不对称程度是金融科技抑制企业金融化的重要渠道之一。

表 7－10　金融科技与企业“脱虚向实”：基于信息效应的机制检验

变量	(1)	(2)	(3)	(4)
	根据信息不对称指数分组		根据分析师跟踪人数分组	
	信息不对称程度高	信息不对称程度低	信息不对称程度高	信息不对称程度低
	Fin	*Fin*	*Fin*	*Fin*
Fintech	－0.052**	－0.030	－0.046**	－0.029
	(－2.40)	(－1.53)	(－2.17)	(－1.62)
Constant	0.456***	0.265**	0.384***	0.222*
	(3.55)	(2.16)	(3.09)	(1.83)
Controls	YES	YES	YES	YES
Year FE	YES	YES	YES	YES
Firm FE	YES	YES	YES	YES
观测值	13925	13668	14887	12905
Adj R^2	0.077	0.091	0.065	0.108

注：括号内报告的是 t 值；*、**、*** 分别代表在 10%、5% 和 1% 水平上显著，标准误在企业层面进行了 cluster 处理。

二、金融科技、代理成本与企业“脱虚向实”

借鉴王蕾等（2024）的研究方法，本章采用管理费用率与资产周转率作为代理成本的衡量指标。管理费用率越高，企业的代理成本越高；资产周转率越低，意味着企业的代理成本越高。本章根据管理费用率与资产周转率的年度行业中位数将样本分为代理成本高低两组，分别进行回归，结果如表 7 – 11 所示。在代理成本高的样本组中，核心解释变量 *Fintech* 的回归系数均显著为负，而在代理成本低的样本组中，*Fintech* 的回归系数均不具备统计上的显著性，说明当企业代理成本较高时，金融科技对企业金融化的抑制作用更显著，降低代理成本是金融科技作用于企业金融化的重要机制之一。

表 7 – 11　金融科技与企业“脱虚向实”：基于代理成本的机制检验

变量	(1)	(2)	(3)	(4)
	根据管理费用率分组		根据资产周转率分组	
	代理成本高	代理成本低	代理成本高	代理成本低
	Fin	*Fin*	*Fin*	*Fin*
Fintech	–0.059 ***	–0.019	–0.055 **	–0.027
	(–2.88)	(–1.01)	(–2.57)	(–1.51)
Constant	0.389 ***	0.217 *	0.406 ***	0.220 **
	(2.94)	(1.79)	(2.86)	(2.10)
Controls	YES	YES	YES	YES
Year FE	YES	YES	YES	YES
Firm FE	YES	YES	YES	YES
观测值	13669	14123	15640	12151
Adj R^2	0.098	0.079	0.093	0.072

注：括号内报告的是 t 值；*、**、*** 分别代表在 10%、5% 和 1% 水平上显著，标准误在企业层面进行了 cluster 处理。

三、金融科技、融资约束与企业“脱虚向实”

本章根据 Hadlock 和 Pierce（2010）、潘越等（2019）研究，利用 KZ 指数与 SA 指数衡量企业融资约束程度。KZ 指数越大，说明企业融资约束问题越严重；当 SA 指数为负且绝对值越大时，企业面临越严重的融资约束问题。本章根据 KZ 指数与 SA 指数的年度行业中位数将样本分为融资约束程度高低两组，回归结果如表 7 – 12 所示。核心解释变量 *Fintech* 的回归系数仅在融资约束程度高的样本组中显著为负，在融资约束程度低的样本组中并不显著，说明金融科技能够为企业提供更多贷款服务，进而缓解企业融资约束，降低金融化水平。以上回归结果说明，缓解融资约束是金融科技影响企业金融化趋势的重要机制之一。

表 7-12　金融科技与企业"脱虚向实"：基于融资约束的机制检验

变量	(1)	(2)	(3)	(4)
	根据 KZ 指数分组		根据 SA 指数分组	
	融资约束高	融资约束低	融资约束高	融资约束低
	Fin	*Fin*	*Fin*	*Fin*
Fintech	-0.059***	-0.019	-0.055**	-0.027
	(-2.88)	(-1.01)	(-2.57)	(-1.51)
Constant	0.389***	0.217*	0.406***	0.220**
	(2.94)	(1.79)	(2.86)	(2.10)
Controls	YES	YES	YES	YES
Year FE	YES	YES	YES	YES
Firm FE	YES	YES	YES	YES
观测值	13669	14123	15640	12151
Adj R^2	0.098	0.079	0.093	0.072

注：括号内报告的是 t 值；*、**、*** 分别代表在 10%、5% 和 1% 水平上显著，标准误在企业层面进行了 cluster 处理。

第六节　金融科技抑制企业金融化的异质性分析

一、企业信贷地位对金融科技与企业"脱虚向实"关系的影响

在传统信贷体系中，规模小或缺乏抵押资产的企业因信贷劣势面临融资约束，倾向于投资金融资产以规避风险，加重了金融化趋势；而信贷优势企业则通过传统渠道获取资金，金融化动机较弱（赵驰等，2012；李青元和王红建，2013）。金融科技通过多维数据分析，突破"硬信息"限制，利用"软信息"评估风险（Lin 和 Viswanathan，2016；Iyer 等，2016），为信贷劣势企业提供高效融资渠道，降低了其金融化需求。因此本章预测，金融科技对信贷劣势企业金融化的抑制作用更显著。

本章从企业规模与抵押资产两个视角衡量企业的信贷地位。首先，大规模企业往往处于信贷优势地位，而中小企业由于难以体现信用品质面临较高的信贷融资成本（Bester，1987；赵驰等，2012）。对此，本章根据企业规模的行业年度中位数将样本分为大企业与小企业，分别进行回归。其次，抵押资产是商业银行评估企业还款能力的重要参考，具有充足抵押资

产的企业，更容易获取信贷资源，而不充分的抵押资产易使企业处于信贷劣势地位（李青元和王红建，2013）。本章借鉴 Almeida 和 Campello（2007）的研究方法，采用以下方法计算资产可抵押性：资产可抵押性 = 货币资金/资产总额 +0.715 ×（应收账款/资产总额）+0.547 ×（存货/资产总额）+0.535 ×（固定资产/资产总额）。本章根据年度中位数将样本分为抵押资产多与少两组。基于企业规模与抵押资产进行分组的回归结果如表 7 – 13 所示，在大企业与抵押资产多的样本组中，*Fintech* 的回归系数不显著，而在小企业与抵押资产少的样本组中，*Fintech* 的回归系数在 1% 的统计水平上显著为负。以上回归结果说明，当企业处于信贷劣势地位时，金融科技对企业金融化的抑制作用更加显著。

表 7 – 13　金融科技与企业“脱虚向实”：基于企业信贷地位的异质性分析

变量	(1)	(2)	(3)	(4)
	大企业	小企业	抵押资产多	抵押资产少
	Fin	*Fin*	*Fin*	*Fin*
Fintech	-0.016	-0.065***	-0.028	-0.054***
	(-0.98)	(-2.71)	(-1.26)	(-3.62)
Constant	-0.016	0.345***	0.395***	0.259***
	(-0.19)	(3.08)	(2.88)	(2.70)
Controls	YES	YES	YES	YES
Year FE	YES	YES	YES	YES
Firm FE	YES	YES	YES	YES
观测值	13788	14004	13603	14189
Adj R^2	0.078	0.093	0.067	0.100

注：括号内报告的是 t 值；*、**、*** 分别代表在 10%、5% 和 1% 水平上显著，标准误在企业层面进行了 cluster 处理。

二、行业竞争对金融科技与企业“脱虚向实”关系的影响

当行业竞争程度不同时，金融科技对企业金融化的影响存在差异。当行业竞争程度较高时，企业面临较大的经营压力，更倾向于利用金融资产拓宽收入来源，帮助其在竞争激烈的市场环境中提高市场地位、维持竞争优势。与此同时，在激烈的市场竞争中，企业易通过政治关联、垄断等形式获取资源，扭曲资本市场的资源分配，增加企业过度投资金融资产的机

会主义行为（吴占永和贾志民，2023）。而金融科技的应用为这些企业提供了更灵活、高效的融资方式，可帮助它们更好地应对市场竞争与挑战，实现业务扩张和发展，也有助于降低企业内部人通过投资金融资产行使机会主义行为的动机。因此，本章预测，当行业竞争程度高时，金融科技对企业金融化的抑制作用更加显著。

为检验行业竞争对金融科技与企业金融化关系的影响，本章按照营业收入计算赫芬达尔指数，并根据其是否大于年度行业中位数将样本分为两组。由表 7－14 的回归结果可知，*Fintech* 的回归系数在行业竞争度高的样本中显著为负，而在行业竞争低的样本组中不显著，说明金融科技对企业金融化的抑制作用在行业竞争度高时更加显著。

表 7－14　金融科技与企业“脱虚向实”：基于行业竞争的异质性分析

变量	(1)	(2)
	行业竞争程度高	行业竞争程度低
	Fin	*Fin*
Fintech	−0.058***	−0.030
	(−2.85)	(−1.52)
Constant	0.407***	0.291**
	(3.53)	(2.11)
Controls	YES	YES
Year FE	YES	YES
Firm FE	YES	YES
观测值	13775	14013
Adj R^2	0.095	0.072

注：括号内报告的是 t 值；*、**、*** 分别代表在 10%、5% 和 1% 水平上显著，标准误在企业层面进行了 cluster 处理。

三、市场化水平对金融科技与企业“脱虚向实”关系的影响

区域间的市场化水平差异大是我国制度环境的显著特征之一（闵峰等，2023）。在市场化水平不同的地区，金融科技对企业金融化的作用存在差异。一方面，在市场化水平高的地区，生产要素和资本的流动性更强，信贷资源的分配过程受政府干预较少，民营企业和中小微企业获得信贷的概率更高（邵帅等，2023；王蕾等，2024），削弱了金融科技的作用。

而在市场化水平低的地区，政府干预较普遍，企业更倾向于通过金融科技公司获取充足资金，金融科技对企业减持金融资产的影响更大。另一方面，在市场化水平较高的地区，监督机制更加健全，经理人行使机会主义行为的成本较高（佟爱琴和马惠娴，2019），通过过度投资金融资产获取个人收益的空间较小。相反，市场化水平低的地区的法治化进程仍待完善，经理人更容易通过投资高风险金融资产获取个人私利。金融科技通过大数据、云计算等新兴科技全方位为企业精准画像，进而缓解信息不对称、降低代理成本的效应在市场化水平低的地区更明显。遵循此逻辑，本章预测相较于市场化水平高的地区，金融科技降低企业金融化的作用在市场化水平低的地区更加显著。

为验证市场化水平在金融科技与企业金融化之间的作用，本章以王小鲁等（2021）测算的省级市场化指数的年度中位数为标准，将样本分为市场化水平高低两组，分别进行回归。回归结果如表 7 – 15 所示，在市场化水平低的样本组中，*Fintech* 的回归系数为 – 0.045，在 5% 的统计水平上显著为负，而在市场化水平高的样本组中，*Fintech* 的回归系数虽然为负，但并不显著，说明金融科技能够更加有效地抑制市场化水平低地区实体企业的金融化行为。

表 7 – 15　金融科技与企业“脱虚向实”：基于市场化水平的异质性分析

变量	(1)	(2)
	市场化水平高	市场化水平低
	Fin	*Fin*
Fintech	–0.035	–0.045 **
	(–1.10)	(–2.51)
Constant	0.289	0.421 ***
	(1.55)	(4.13)
Controls	YES	YES
Year FE	YES	YES
Firm FE	YES	YES
观测值	11322	16470
$Adj\ R^2$	0.135	0.076

注：括号内报告的是 t 值；*、**、*** 分别代表在 10%、5% 和 1% 水平上显著，标准误在企业层面进行了 cluster 处理。

第七节　基于不同类型金融资产的进一步分析

企业投资的金融资产分为投机型金融资产和保值型金融资产两类（彭俞超等，2018），投机型金融资产以获取短期高回报为目的，具有高风险高收益的特征，其价值取决于市场波动和投机者的交易行为。而保值型金融资产的主要目的是保值和稳健增值，通常被用于长期资产配置，以应对通货膨胀和市场波动。不同类型的金融资产对金融科技的敏感度存在差异。一方面，金融科技通过提供更精确的数据分析和预测模型，帮助企业更准确地评估和理解市场风险。这种深入的市场洞察力使企业能够更好地识别和规避高风险的投机型金融资产，降低金融化趋势。另一方面，金融科技通过引入新技术和商业模式，改变了传统金融服务的提供方式，降低了企业获取便捷高效的金融服务的门槛（Tang，2019），从而缩小了企业利用投机型金融资产获取短期高收益的需求。此外，金融科技利用大数据和人工智能等信息技术，能够通过更精确的数据分析和风险模型更全面、准确地评估企业的信用风险和绩效状况，降低企业与金融机构间的信息不对称水平。与此同时，金融科技能够通过自动化技术持续监控企业，降低内部人通过投机型金融资产的套利空间。基于以上分析，本章预测金融科技对投机型金融资产的抑制作用更加显著。

为进一步检验金融科技对不同类型金融资产的影响，本章参照彭俞超等（2018）的研究，将交易性金融资产和可供出售金融资产划分为投机型金融资产；将衍生金融资产、买入返售金融资产、投资性房地产、持有至到期投资和长期股权投资划分为保值型金融资产，分别计算两类金融资产占总资产的比重，并重新对金融科技对两类金融资产的影响进行估计。回归结果如表 7－16 所示，当被解释变量为投机型金融资产占比（*Fin_specu*）时，*Fintech* 的回归系数为－0.023，在 1% 的统计水平上显著为负。当被解释变量为保值型金融资产占比（*Fin_hedge*）时，*Fintech* 的回归系数为－0.019，不具备统计意义上的显著性。以上回归结果说明，金融科技能够有效抑制企业对投机型金融资产的投资，进而降低实体企业金融化水平。

表7－16　金融科技与企业“脱虚向实”：基于不同类型金融资产的进一步分析

变量	(1)	(2)
	投机型金融资产	保值型金融资产
	Fin_specu	*Fin_hedge*
Fintech	－0.023***	－0.019
	(－2.77)	(－1.55)
Constant	0.053	0.268***
	(1.11)	(3.61)
Controls	YES	YES
Year FE	YES	YES
Firm FE	YES	YES
观测值	27792	27792
Adj R^2	0.058	0.046

注：括号内报告的是t值；*、**、***分别代表在10%、5%和1%水平上显著，标准误在企业层面进行了cluster处理。

第八节　本章小结

本章旨在探讨金融科技对企业“脱虚向实”的影响。实证结果显示，金融科技的发展有利于抑制企业金融化趋势，促进企业“脱虚向实”。在机制检验方面，信息不对称、代理成本和融资约束是金融科技促进企业“脱虚向实”的重要作用机制。异质性分析表明，金融科技对处于信贷劣势地位、激烈竞争行业以及市场化水平较低地区的企业具有更强影响力。进一步研究发现，金融科技有助于抑制企业投资投机型金融资产的倾向，而对保值型金融资产的影响较小。

综上所述，金融科技的发展为促进企业“脱虚向实”提供了有利条件。不同类型企业在金融科技影响下表现出异质性，同时金融科技对企业投资行为的影响也显示出一定的差异。本章研究结果拓展了关于金融科技影响企业“脱虚向实”的研究领域，丰富了金融科技与企业发展之间的理论框架。同时，本章研究结论揭示了金融科技对企业“脱虚向实”的积极作用，为企业在实践中应对金融化挑战、促进经济发展提供了重要参考。

第八章　金融科技与企业银行借款

第一节　研究问题的提出

当前，中国正处于由高速发展向高质量发展的转型阶段，如何有效促进高质量增长是当前经济工作的主要任务和方向。从微观经济领域来看，充足的信贷资源可以帮助企业实现资金的合理配置和良性运转，支持其技术创新、生产扩张和市场拓展。同时，良好的融资状况也能够使企业更好地应对市场的变化，提升竞争力，实现产业升级和经济转型（Bai 等，2018）。然而，由于信息不对称问题的存在，银行等传统金融机构在面对企业融资需求时常常倾向于选择具有政府支持、稳定现金流或资产抵押价值优势的企业，导致大量信贷资源流向资本密集型行业和国有企业，而对于技术密集型、轻资产类的中小微企业和新兴产业的信贷支持相对不足，使其处于信贷劣势地位，往往难以获得必要的融资支持（林毅夫和孙希芳，2008）。基于此，切实满足企业对信贷资源的需求并提升信贷资源配置效率是当前中国经济结构性改革的重要任务之一。

资金供给方和需求方的信息不对称是导致金融市场中信贷资源错配的基本原因（Stiglitz 和 Weiss，1981）。具体而言，受限于信息搜集与甄别能力，银行等传统金融机构通常难以全面把握企业的真实经营状况与偿债能力，而企业可能会利用信息不对称，隐藏负面信息或提供虚假信息来获取更多的信贷资金。为应对这种不确定性，银行往往会采取更加审慎的信贷政策，例如，要求更高的利率、更充足的抵押物或担保措施等（Fazarri 等，1988；Kaplan 和 Zingales，1997）。针对这些问题，金融科技的应用能够增加金融市场的透明度，通过数字化、信息网络化等手段，使银行等传统金融机构更便捷地获取和了解企业信息，包括企业的信用记录、融资需求以及财务状况等，从而降低信息不对称程度，提高市场效率。

已有文献聚焦于金融科技如何改变银行的信贷业务模式、风险管理方法以及与客户之间的互动方式，从银行的角度来分析金融科技对信贷供给的影响。例如，Jagtiani 和 Lemieux（2018）研究发现，金融科技的发展对银行的影响主要集中在投资、理财等领域，尚未对传统的借贷业务产生显著作用。邱晗等（2018）研究指出，金融科技主要影响银行的理财渠道而不是信贷渠道，这进一步支持了金融科技对银行业务焦点的选择性作用的观点。盛天翔和范从来（2020）基于银行业企业样本发现，金融科技对小微企业信贷的影响可能与金融市场结构有关。Sheng（2020）基于中国商业银行的相关数据指出，金融科技在影响不同规模银行信贷业务时存在差异，特别是对大型银行的中小企业客户，其信贷增长作用更为显著。综上所述，现有研究证明金融科技对银行信贷业务具有多方面且复杂的影响，但目前尚未有充分的经验证据证明金融科技是否能够通过减轻信息不对称程度来提高企业获取信贷资源的可能性。

基于以上分析，本章将基于企业银行借款的视角，探讨金融科技发展是否能够促使企业获得更多的信贷资源，进而优化信贷配置效率。具体而言，本章旨在从企业的角度而非银行的角度，以信息不对称机制而非银行竞争机制为基础，研究金融科技是否能够通过缓解信息不对称问题来提高企业获取信贷资源的可能性。

第二节　理论分析与研究假设的提出

一、金融科技与企业银行借款规模

在信贷市场中，银行等传统金融机构与借款企业之间天然存在着信息不对称。金融机构难以全面掌握借款企业的全部信息，而借款企业则更加了解自身的财务状况、发展前景以及偿债能力（Fazarri 等，1988）。信息不对称导致信贷市场对于有效而准确的信息有着更高依赖程度。在贷前阶段，银行难以全面获知借款企业的真实情况和潜在风险，常处于信息劣势的位置。这种信息不对称可能导致逆向选择问题，即银行无法准确评估借款企业的信用质量和还款能力，从而可能选择不合适的授信对象或提供不适当的贷款条件（Kaplan 和 Zingales，1997）。在贷后阶段，借款企业有动机凭借信息不对称改变借款资金的实际流向，用于从事高风险项目或机会主义行为，导致最终无法按时偿还借款。由于处于信息劣势地位，银行难以及时反映和干预企业的道德风险问题，进而增加了银行承担的违约风险

（Stiglitz 和 Weiss，1981）。

为降低违约风险，银行等传统金融机构需要采取其他措施减少信息不对称的影响。然而，在不发达的金融市场中，企业提供的财务数据和经营信息是不完备的，并且企业的信用记录也往往有限，银行等金融机构需要付出更高的成本来获取企业和管理者的相关信息（Vincent，1970）。缺乏准确、及时的数据使银行等金融机构难以对企业的信用风险进行全面评估，导致其在信贷发放中往往对风险持谨慎态度，使授信条件与协议条款较严格，信贷资源配置效率低下，借款需求积压（邓路等，2016；Bai 等，2016）。

金融科技的发展为银行等传统金融机构评估企业信用风险提供了更多的数字渠道和技术手段，可以更高效地收集、处理和分析数据。通过大数据分析、区块链和网络平台等技术，金融机构可以更准确地评估借款企业的信用质量，辅助放贷决策过程，从而降低信息不对称的影响（吴晓求，2014）。第一，金融科技可以利用大数据分析和人工智能等新兴技术来整合、分析和建模，有效捕捉海量数据中的非线性关系。通过这些技术，金融机构可以更精准地评估企业的信用风险和还款能力，降低信息不对称带来的风险，从而提高金融机构向企业放贷的意愿（Zhang 等，2020）。第二，区块链技术能够提高数据的安全性和可信度，通过去中心化、不可篡改的特性，确保数据的真实性和准确性。金融机构可以利用区块链技术来追溯、把握企业的借款资金流向，建立更可靠的企业信用体系，进一步减少信息不对称，提高对企业的信用评价能力，从而放宽贷款条件，提高借款规模（郭峰等，2017）。第三，金融科技的发展催生了开放式金融平台，这些金融科技平台依托大数据分析、云计算等技术能够对企业的软信息与硬信息作出全面的评估，为企业提供更多元化的融资渠道和服务（周光友等，2020）。

基于此，本章提出如下假设：

假设 8－1：金融科技发展有助于提高企业银行借款规模。

二、金融科技与企业银行借款期限

在中国当前金融体系中，债券和股权市场的发展相对滞后，企业融资更依赖于银行贷款，但银行等传统金融机构提供的长期融资渠道相对不足，特别是中小企业难以获得长期融资的机会（盛天翔等，2017）。长期借款的期限长、风险高，借款企业对于长期项目的盈利能力和偿还能力往往具有较高的不确定性。金融机构难以准确评估长期借款的潜在风险，而短期借款的还款期限短、灵活性更强，相应地，信息不对称风险更低

(Diamond，1991；Diamond，2004)。此外，长期借款需要更多关于借款企业财务状况、资产负债结构、市场预测等方面的详细信息，对外部履约机制的依赖较大，增加了银行等传统金融机构的信息搜集、处理成本以及贷款后的监督成本（Rajan，1992）。

针对这些问题，金融科技对银行等传统金融机构的赋能有助于企业获取更多长期借款，促进企业长期发展。首先，通过数字化分析与建模技术，金融科技可以帮助企业将关键财务和运营数据整理和提供给银行，减少信息不对称（邱晗等，2018），这有助于银行更准确地评估企业的信用风险，从而提供更多长期借款机会。其次，金融科技可以利用大数据分析和机器学习算法，更精确地评估借款人的信用风险和还款能力（孙旭然等，2020）。通过对各种数据源的整合和分析，金融科技可以更全面地评估企业的财务状况、市场前景和行业趋势等因素，从而更准确地评价企业的发展前景与偿债能力。最后，金融科技的应用可以提高企业与银行之间的交易效率，降低融资交易成本（谢治春等，2018；丁娜等，2020）。自动化的风控系统、电子签约和在线支付等技术手段可以简化手续和流程，减少人力资源的投入和时间延误，这使得银行更愿意增加长期借款额度，并为企业提供更具吸引力的风险溢价和期限结构。

基于此，本章提出如下假设：

假设8-2：金融科技发展有助于企业获取更多银行长期借款。

三、金融科技与企业银行借款类型

担保借款和信用借款是我国银行借款的两种模式，银行承担的风险存在差异（Boot等，1991）。其中，担保借款是指借款人需要提供担保物品作为借款的抵押物或担保品。在这种情况下，如果借款人未能按时偿还借款，银行可以在担保物品的价值范围内进行弥补，可以依靠借款人提供的担保物品来降低违约风险。相较之下，信用借款则是指根据借款人的信用状况进行借款，借款人无需提供具体的担保物品。在信用借款中，银行主要依赖借款人的信用记录、还款能力和经营状况来评估风险。如果借款人无法按时偿还借款或违约，由于没有具体的担保物品来弥补潜在损失，银行面临更大风险。在这两种借款模式下，银行承担的风险需要根据担保物品和借款人的信用状况进行评估（Chan和Kanatas，1985）。综合来看，担保借款的风险相对较低，因为银行可以依靠担保物品来减少损失，而信用借款的风险相对较高，银行需要更加仔细地评估借款人的信用状况和还款能力。考虑到中国金融市场的法律环境和执行力尚不完善且缺乏有效的信用评价体系，金融机构更倾向于依赖可以直接执行的担保物品来降低风险。相比之下，信用借款面临着合同执行、诉讼程序等方面的不确定性。同时，中国金融市场中信息收集、整合和公开程度相对较低，金融机构在进行信用借款时面临较大的信息不对称，这使金融机构对信用借款持谨慎态度（吴晓求，2014）。

针对上述问题，金融科技一方面可以通过大数据分析和人工智能技术，更准确地评估企业的信用风险和还款能力（唐松等，2020）。通过对企业的财务数据、经营状况和行业趋势等进行全面的分析，金融科技能够提供更客观、准确的信用评估，从而增加企业获得信用借款的机会。另一方面，金融科技有助于推动信用体系的建设，为企业获取更多的信用借款提供信息基础。依托在线支付、消费分期等金融科技产品的广泛应用，金融科技可以积累和丰富企业的信用记录，形成更完善的信用体系（李春涛等，2020）。信用体系的完善能够为银行等金融机构提供更多信息参考，降低信用借款风险，增加企业获得信用借款的机会。

基于此，本章提出如下假设：

假设 8 - 3：金融科技发展有助于企业获取更多银行信用借款。

第三节　实证研究设计

一、数据来源与样本筛选

本章的初始研究样本为 2011—2020 年中国沪深 A 股上市公司。金融科技数据来自北京大学数字金融研究中心编制的北京大学数字普惠金融指数，公司财务特征数据来源于 CSMAR 与 CNRDS 数据库，城市层面数据来源于《中国城市统计年鉴》。借鉴已有研究，本章遵循以下标准对样本进行筛选与处理：（1）剔除金融类上市公司；（2）剔除相关数据缺失的样本；（3）剔除 ST、*ST 和 PT 类企业。为了消除异常观测值影响，本章对所有连续变量在 1% 和 99% 的水平上进行了缩尾处理。

二、变量度量

1. 金融科技的度量

本章使用北京大学数字普惠金融指数对金融科技发展水平进行衡量（郭峰等，2020）。北京大学数字普惠金融指数已广泛应用于金融科技相关研究中，覆盖领域包括创业活动、银行行为、公司治理等（谢绚丽等，2018；邱晗等，2018；丁娜等，2020）。

2. 企业银行借款的度量

借鉴曹伟等（2022）、李逸飞等（2022）的研究，银行借款总规模使用企业银行借款之和占总资产的比例衡量；银行长期借款规模使用银行长期借款占总资产的比例衡量；银行短期借款规模使用银行短期借款占总资产的比例衡量；银行信用借款规模使用银行信用借款占总资产的比例衡量；银行担保借款规模使用银行担保借款占总资产的比例衡量。

3. 控制变量

本章分别在企业和地区层面控制如下变量：公司规模（*Size*）、企业年龄（*Age*）、固定资产占比（*Tang*）、营业收入增长率（*Growth*）、总资产收益率（*Roa*）、产权性质（*Soe*）、机构投资者持股比例（*Inshare*）、股权集中度（*Top*1）、独立董事比例（*Idratio*）、地区经济发展水平（*GDP*）、地区金融发展水平（*FD*）。本章主要变量的定义和计算方法如表 8 –1 所示。

表 8 –1　　变量定义表

变量类型	变量名称	变量符号	变量度量
被解释变量	银行借款总规模	*TotalLoan*	银行借款总额/总资产
	银行长期借款	*LongLoan*	银行长期借款/总资产
	银行短期借款	*ShortLoan*	银行短期借款/总资产
	银行信用借款	*CreditLoan*	银行信用借款/总资产
	银行担保借款	*GuaranLoan*	银行担保借款/总资产
解释变量	金融科技	*Fintech*	北京大学数字普惠金融指数/100
控制变量	公司规模	*Size*	年末总资产的自然对数
	企业年龄	*Age*	样本年份与上市年份的差值
	固定资产占比	*Tang*	固定资产/总资产
	营业收入增长率	*Growth*	（本期营业收入 – 上期营业收入）/上期营业收入
	总资产收益率	*Roa*	净利润与总资产的比值
	产权性质	*Soe*	虚拟变量，国有企业取值为 1，否则为 0
	机构投资者持股比例	*Inshare*	机构投资者持股总数除以总股数
	股权集中度	*Top*1	第一大股东持股数量除以总股数
	独立董事比例	*Idratio*	独立董事人数/董事总人数
	地区经济发展水平	*GDP*	各城市 GDP 增长率
	地区金融发展水平	*FD*	各城市金融机构存贷款余额/GDP

三、实证模型

为了检验金融科技是否能够提高企业银行借款可获得性，本章构建如下实证模型，见式（8－1）：

$$TotalLoan_{i,t} = \alpha_0 + \alpha_1 Fintech_{i,t} + \alpha_2 Controls_{i,t} + Year\ FE + Industry\ FE + City\ FE + \varepsilon_{i,t} \quad 式（8－1）$$

其中，下标 i 和 t 分别表示公司 i 和第 t 年，被解释变量 *TotalLoan* 代表企业的银行借款规模，用银行借款占总资产比例衡量。*Fintech* 代表金融科技发展水平，基于北京大学数字金融研究中心编制的地级市层面“中国数字普惠金融指数”度量；*Controls* 为一系列影响企业银行借款可得性的公司层面与城市层面控制变量，ε 为随机扰动项。*Year FE* 代表年份固定效应，*Industry FE* 代表行业固定效应，*City FE* 代表城市固定效应。*Fintech* 的估计系数 α_1 捕捉了金融科技对银行借款水平的影响，若 α_1 显著为正，则说明金融科技能够提高企业银行借款规模。为缓解潜在的自相关问题干扰，本章将标准误在企业层面进行了聚类调整。

第四节　实证结果与分析

一、描述性统计分析

表 8－2 报告了主要变量的描述性统计结果。银行借款总规模（*TotalLoan*）的平均值为 0.146，中位数为 0.111；银行短期借款（*ShortLoan*）的平均值为 0.090，中位数为 0.058；银行长期借款（*LongLoan*）的平均值为 0.041，中位数为 0.002；银行信用借款（*CreditLoan*）的平均值为 0.265，中位数为 0.035；银行担保借款（*GuaranLoan*）的平均值为 0.446，中位数为 0.411，表明在本章样本中，不同企业的银行借款规模存在较大差异。金融科技（*Fintech*）的均值为 2.166，标准差为 0.710，表明我国不同城市之间的金融科技发展水平差距较大。

表 8－2　主要变量的描述性统计结果

变量	N	Mean	SD	Min	Median	Max
TotalLoan	27792	0.146	0.142	0.000	0.111	0.579
ShortLoan	27792	0.090	0.098	0.000	0.058	0.413

续表

变量	N	Mean	SD	Min	Median	Max
LongLoan	27792	0.041	0.073	0.000	0.002	0.364
CreditLoan	27792	0.265	0.349	0.000	0.035	1.000
GuaranLoan	27792	0.446	0.392	0.000	0.411	1.000
Fintech	27792	2.166	0.710	0.545	2.292	3.216
Size	27792	22.140	1.289	19.820	21.960	26.14
Age	27792	9.914	7.521	0.000	8.000	26.000
Tang	27792	0.207	0.159	0.002	0.173	0.695
Roa	27792	0.036	0.065	-0.295	0.037	0.189
Growth	27792	0.396	1.045	-0.760	0.138	7.446
Soe	27792	0.347	0.476	0.000	0.000	1.000
Inshare	27792	0.448	0.251	0.003	0.464	0.931
*Top*1（%）	27792	34.810	14.750	9.345	32.720	74.820
Idratio（%）	27792	37.570	5.347	33.330	35.710	57.140
GDP	27792	7.652	2.890	0.440	7.600	15.400
FD	27792	3.978	1.699	1.238	3.647	8.592

二、基准回归结果

表8-3报告了金融科技发展对银行借款影响的基准回归结果。第（1）列与第（2）列为控制年度、行业与城市固定效应的回归结果。核心解释变量 *Fintech* 系数分别为0.038与0.048，在10%与1%统计水平上显著为正。考虑到行业层面随时间变化的不可观测因素会使本章回归结果产生偏差，本章在第（3）列中进一步控制了年度×行业固定效应。结果显示，*Fintech* 系数为0.045，且在5%的统计水平上显著为正。以上回归结果表明，金融科技发展能够增加企业银行借款可得性，提高银行借款规模，验证了本章的假设8-1。此外，企业规模（*Size*）与固定资产占比（*Tang*）的回归系数显著为正，说明企业规模越大、固定资产占比越高，越有助于企业获得银行借款。而股权集中度（*Top*1）与机构投资者持股比例（*Inshare*）的回归系数显著为负，说明较高的股权集中度和机构投资者持股比例不利于企业获取银行借款。

表 8－3　　　　　　　金融科技与企业银行借款的回归结果

变量	(1)	(2)	(3)
	TotalLoan	*TotalLoan*	*TotalLoan*
Fintech	0. 038 *	0. 048 ***	0. 045 **
	(1. 92)	(3. 12)	(2. 52)
Size		0. 038 ***	0. 037 ***
		(22. 99)	(20. 54)
Age		0. 000	0. 001 ***
		(1. 02)	(2. 92)
Tang		0. 151 ***	0. 172 ***
		(10. 88)	(11. 56)
Roa		－0. 619 ***	－0. 318 ***
		(－31. 18)	(－10. 68)
Growth		0. 001	0. 000
		(0. 75)	(0. 32)
Soe		－0. 006	－0. 005
		(－1. 35)	(－0. 96)
Inshare		－0. 027 ***	－0. 035 ***
		(－4. 06)	(－4. 97)
*Top*1		－0. 000 ***	－0. 000 ***
		(－2. 81)	(－3. 48)
Idratio		－0. 000	－0. 000
		(－0. 16)	(－0. 30)
GDP		0. 001 **	－0. 000
		(2. 38)	(－0. 21)
FD		－0. 001	－0. 001
		(－1. 63)	(－1. 27)
Constant	0. 234 ***	－0. 685 ***	－0. 757 ***
	(7. 87)	(－17. 24)	(－13. 67)
Year FE	YES	YES	NO
Industry FE	YES	YES	NO

续表

变量	(1)	(2)	(3)
	TotalLoan	*TotalLoan*	*TotalLoan*
City FE	YES	YES	YES
Year × Industry FE	NO	NO	YES
观测值	27792	27792	27792
Adj R^2	0.202	0.389	0.360

注：括号内报告的是 t 值；*、**、*** 分别代表在 10%、5% 和 1% 水平上显著，标准误在企业层面进行了 cluster 处理。

三、进一步分析

基准回归检验了金融科技对银行借款总规模的影响，本部分进一步检验金融科技对不同期限、不同类型银行借款的影响。本章将银行借款分为短期借款、长期借款、信用借款与担保借款四类，分别进行回归。表 8-4 的回归结果显示，当被解释变量为长期借款与信用借款时，核心解释变量 *Fintech* 的回归系数显著为正，而当被解释变量为短期借款与担保借款时，核心解释变量 *Fintech* 的回归系数不显著，说明金融科技通过增加企业长期借款与信用借款提高银行借款规模，验证了本章假设 8-2 与假设 8-3。

表 8-4　　　金融科技与企业银行借款：进一步分析

变量	(1)	(2)	(3)	(4)
	ShortLoan	*LongLoan*	*CreditLoan*	*GuaranLoan*
Fintech	0.014	0.025***	0.119***	0.023
	(1.21)	(3.10)	(2.90)	(0.48)
Constant	-0.222***	-0.365***	-1.331***	0.609***
	(-8.04)	(-17.18)	(-14.61)	(5.83)
Controls	YES	YES	YES	YES
Year FE	YES	YES	YES	YES
Industry FE	YES	YES	YES	YES
City FE	YES	YES	YES	YES
观测值	27792	27792	27792	27792
Adj R^2	0.262	0.395	0.187	0.112

注：括号内报告的是 t 值；*、**、*** 分别代表在 10%、5% 和 1% 水平上显著，标准误在企业层面进行了 cluster 处理。

四、稳健性检验

1. 工具变量法

本章控制了年度、行业与城市固定效应，在一定程度上缓解了城市层面与行业层面不可观测因素对回归结果的影响，但本章回归结论仍在一定程度上受到测量误差以及反向因果等问题的干扰，基于此，本章进一步采用工具变量法缓解内生性问题。

首先，借鉴谢绚丽等（2018）和邱晗等（2018）的做法，本章引入上市公司所在地互联网普及率（*Internet_IV*）作为工具变量。由于金融科技的发展与互联网息息相关，该工具变量满足相关性假设，同时，互联网发展很难直接对银行借款产生影响，满足工具变量的外生性假设。

其次，本章参考肖泉等（2023）的研究，利用1984年年末邮电局数与全省范围内（本市除外）金融科技水平均值的乘积（*Mail_IV*）作为金融科技的工具变量。一方面，邮电局的发展状况在一定程度上可以代表地区数字基础设施的发展水平，该指标与金融科技水平交乘构成年度指标，能够满足工具变量的相关性假设。另一方面，1984年各地级市邮电局数不太可能影响现在企业的银行借款规模，满足工具变量的外生性假设。表8－5列示了基于工具变量的回归结果，在第（1）列与第（3）列中，*Internet_IV* 与 *Mail_IV* 均显著为正，Cragg－Donald Wald F统计量分别为451.723与209.517，拒绝了弱工具变量的原假设。在第二阶段回归中，*Fintech* 的系数分别为0.222和0.309，且分别在5%和10%的统计水平上显著为正，说明在控制潜在内生性问题后基准回归结果仍然成立。

表8－5　　金融科技与企业银行借款：工具变量法

变量	(1)	(2)	(3)	(4)
	Fintech	*TotalLoan*	*Fintech*	*TotalLoan*
Internet_IV	0.001*** (27.12)			
Mail_IV			0.108*** (9.69)	
Fintech		0.222** (1.97)		0.309* (1.90)
Constant	4.096*** (772.35)	－0.646*** (－5.76)	0.330*** (44.40)	－0.691*** (－13.11)

续表

变量	(1)	(2)	(3)	(4)
	Fintech	*TotalLoan*	*Fintech*	*TotalLoan*
Controls	YES	YES	YES	YES
Year FE	YES	YES	YES	YES
Industry FE	YES	YES	YES	YES
City FE	YES	YES	YES	YES
Cragg – Donald Wald F statistic	451.723		209.517	
观测值	26639	26639	26266	26266
Adj R^2	0.994	0.382	0.996	0.378

注：括号内报告的是 t 值；*、**、*** 分别代表在 10%、5% 和 1% 水平上显著，标准误在企业层面进行了 cluster 处理。

2. 倾向得分匹配法

不同样本企业在企业规模、盈利能力、固定资产占比等方面具有较大差异，而这些差异是干扰本章回归结果的重要因素。对此，本章根据年度中位数将样本分为金融科技发展程度高低两组，当数字普惠金融指数高于年度中位数时，视为金融科技发展程度高组，令 *Treat* 取值为 1，否则为 0。在此基础上，本章选取公司规模（*Size*）、企业年龄（*Age*）、固定资产占比（*Tang*）、营业收入增长率（*Growth*）、总资产收益率（*Roa*）、产权性质（*Soe*）、机构投资者持股比例（*Inshare*）、股权集中度（*Top*1）、独立董事比例（*Idratio*）、地区经济发展水平（*GDP*）、地区金融发展水平（*FD*）等控制变量作为协变量，按照 1∶1 比例为金融科技发展程度高组样本匹配特征相似的控制组样本。基于倾向得分匹配后的回归结果如表 8 – 6 第（1）列所示，*Fintech* 的系数仍然在 1% 统计水平上显著为正，验证了本章结论的稳健性。

3. 熵平衡法

在进行倾向得分匹配过程中，易损失较多样本。对此，本章借鉴 Hainmueller（2012）的研究，利用熵平衡法对两组样本进行匹配。熵平衡法通过为控制组样本赋予相应权重来使实验组和控制组之间的协变量分布在均值、方差和偏度上基本相等。本章将所有控制变量作为协变量，利用熵平衡法进行匹配后的回归结果如表 8 – 6 第（2）列所示。*Fintech* 的系数仍然显著为正，与基准回归保持一致。

表 8-6　　金融科技与企业银行借款：倾向得分匹配法与熵平衡法

变量	(1)	(2)
	倾向得分匹配法	熵平衡法
	TotalLoan	*TotalLoan*
Fintech	0.070***	0.028*
	(2.60)	(1.70)
Constant	-0.707***	-0.587
	(-11.99)	(-0.00)
Controls	YES	YES
Year FE	YES	YES
Industry FE	YES	YES
City FE	YES	YES
观测值	10510	27792
Adj R^2	0.384	0.382

注：括号内报告的是 t 值；*、**、*** 分别代表在 10%、5% 和 1% 水平上显著，标准误在企业层面进行了 cluster 处理。

4. 控制个体固定效应

为缓解企业间不随时间变化因素对回归结果的影响，本章进一步控制企业固定效应。表 8-7 的回归结果显示，当被解释变量为银行借款总规模时，*Fintech* 的回归系数为 0.034，在 5% 的统计水平上显著，与金融科技能够提高企业银行借款规模的主要结论一致。此外，当被解释变量为银行短期借款与银行担保借款时，*Fintech* 的回归系数不具备统计意义的显著性，而当被解释变量为银行长期借款与银行信用借款时，*Fintech* 的回归系数均在 5% 统计水平上显著为正，说明金融科技有助于增加银行长期借款与银行信用借款，对银行短期借款与银行担保借款没有显著影响。

表 8-7　　金融科技与企业银行借款：控制个体固定效应

变量	(1)	(2)	(3)	(4)	(5)
	TotalLoan	*ShortLoan*	*LongLoan*	*CreditLoan*	*GuaranLoan*
Fintech	0.034**	0.015	0.015**	0.072**	0.004
	(2.29)	(1.29)	(2.01)	(2.03)	(0.10)
Constant	-1.102***	-0.445***	-0.534***	-0.904***	-0.905***
	(-14.84)	(-8.39)	(-12.62)	(-5.72)	(-4.54)
Controls	YES	YES	YES	YES	YES

续表

变量	(1)	(2)	(3)	(4)	(5)
	TotalLoan	*ShortLoan*	*LongLoan*	*CreditLoan*	*GuaranLoan*
Year FE	YES	YES	YES	YES	YES
Firm FE	YES	YES	YES	YES	YES
观测值	27792	27792	27792	27792	27792
Adj R^2	0.154	0.077	0.072	0.017	0.016

注：括号内报告的是 t 值；*、**、*** 分别代表在 10%、5% 和 1% 水平上显著，标准误在企业层面进行了 cluster 处理。

5. 替换解释变量

本章采用数字普惠金融指数中数字化程度子指数重新度量各城市金融科技发展水平。回归结果如表 8－8 所示，当被解释变量为银行借款总规模、银行长期借款与银行信用借款时，*Fintech* 的回归系数显著为正；当被解释变量为银行短期借款时，*Fintech* 的回归系数并不显著；当被解释变量为银行担保借款时，*Fintech* 的回归系数在 5% 的统计水平上显著为负。总体而言，替换解释变量后的回归结果与前文得到的主要结论一致。

表 8－8　　　　金融科技与企业银行借款：替换解释变量

变量	(1)	(2)	(3)	(4)	(5)
	TotalLoan	*ShortLoan*	*LongLoan*	*CreditLoan*	*GuaranLoan*
Fintech	0.023**	－0.004	0.007***	0.044***	－0.037**
	(2.32)	(－1.04)	(2.66)	(3.27)	(－2.19)
Constant	－0.650***	－0.213***	－0.343***	－1.265***	－0.172*
	(－16.24)	(－7.73)	(－16.43)	(－14.03)	(－1.66)
Controls	YES	YES	YES	YES	YES
Year FE	YES	YES	YES	YES	YES
Industry FE	YES	YES	YES	YES	YES
City FE	YES	YES	YES	YES	YES
观测值	27792	27792	27792	27792	27792
Adj R^2	0.389	0.262	0.395	0.187	0.112

注：括号内报告的是 t 值；*、**、*** 分别代表在 10%、5% 和 1% 水平上显著，标准误在企业层面进行了 cluster 处理。

6. 其他稳健性检验

（1）更换样本区间。2013 年，余额宝的正式上线成为金融科技发展的重要里程碑。余额宝是蚂蚁金服推出的一款货币基金理财产品，通过手机应用就能随时购买和赎回，提供了一种方便、高收益的理财方式。余额宝的上线推动了中国金融科技的发展，并引领了一系列改革与创新。基于此，本章将样本区间缩小为 2013—2020 年，重新对金融科技与银行借款间关系进行检验。表 8 -9 第（1）列的回归结果显示，*Fintech* 与银行借款总规模仍具有显著的正向关系，说明本章的研究结论具有稳健性。

（2）剔除直辖市样本。直辖市具有独特的政治地位和较高的经济发展水平，导致其金融科技发展水平相对其他城市更高。为了排除政治地位和经济发展对回归结果的干扰，本章进一步剔除了直辖市样本。表 8 -9 第（2）列的回归结果显示，核心解释变量 *Fintech* 的系数依然显著为正，本章主要结论依然成立。

表 8 -9　　　　金融科技与企业银行借款：其他稳健性检验

变量	(1)	(2)
	更换样本区间	剔除直辖市样本
	TotalLoan	*TotalLoan*
Fintech	0. 040 **	0. 050 ***
	(2. 08)	(2. 95)
Constant	-0. 722	-0. 705 ***
	(0. 002)	(-15. 39)
Controls	YES	YES
Year FE	YES	YES
Industry FE	YES	YES
City FE	YES	YES
观测值	23427	22267

注：括号内报告的是 t 值；* 、** 、*** 分别代表在 10% 、5% 和 1% 水平上显著，标准误在企业层面进行了 cluster 处理。

第五节　金融科技提高企业银行借款的机制检验

本章通过检验在信息不对称更为严重时，金融科技提高企业银行借款的作用是否更显著，从而为金融科技通过降低信息不对称程度进而提高企业银行借款水平这一机制提供证据支持。

首先，新闻媒体是资本市场重要的信息中介之一，通过对公司业绩、政策变化、市场趋势等信息的报道与解读，能够降低外部利益相关者信息搜寻成本，缓解外部利益相关者与企业之间的信息不对称。参考罗进辉（2018）、管考磊等（2021）的做法，本章利用公司媒体报道数量加 1 的自然对数衡量信息不对称程度，数值越高，代表企业的信息不对称程度越低。本章根据该指标的年度行业中位数将样本分为信息不对称程度高低两组，分别进行回归。表 8－10 的第（1）列与第（2）列的回归结果显示，核心解释变量 *Fintech* 的系数在信息不对称程度高组为 0.130，在 1% 统计水平上显著为正，而在信息不对称程度低组不显著。

其次，证券分析师通过分析公司的财务数据、业绩指标和管理层的决策，帮助投资者更好地了解公司的经营状况、潜在风险和增长潜力。他们通过提供全面、准确的信息，有效地降低了市场参与者之间的信息不对称程度，提高了公司透明度。对此，本章借鉴潘越等（2011）的研究，利用上市公司的分析师跟踪人数加 1 的自然对数衡量信息不对称程度，企业的分析师跟踪人数越多，信息不对称程度越低。本章根据该指标的年度行业中位数将样本分为信息不对称程度高低两组，分组进行回归。表 8－10 第（3）列与第（4）列的回归结果显示，在信息不对称程度高的样本组中，核心解释变量 *Fintech* 的系数为 0.137，在 1% 统计水平显著上为正；在信息不对称程度低的样本组中，*Fintech* 的系数为 0.033，不具备统计意义上的显著性，说明金融科技对银行借款的促进作用在信息不对称程度高的样本中更加显著，即降低信息不对称程度是金融科技影响企业银行借款规模的重要机制。

表 8－10　金融科技与企业银行借款：基于信息不对称的机制检验

变量	(1)	(2)	(3)	(4)
	根据媒体报道数量分组		根据分析师跟踪人数分组	
	信息不对称程度高	信息不对称程度低	信息不对称程度高	信息不对称程度低
	TotalLoan	*TotalLoan*	*TotalLoan*	*TotalLoan*
Fintech	0.130***	0.017	0.137***	0.033
	(5.82)	(0.78)	(6.15)	(1.51)
Constant	－0.499***	－0.797***	－1.087***	－0.613***
	(－8.89)	(－15.69)	(－19.03)	(－11.15)
Control	YES	YES	YES	YES

续表

变量	(1)	(2)	(3)	(4)
	根据媒体报道数量分组		根据分析师跟踪人数分组	
	信息不对称程度高	信息不对称程度低	信息不对称程度高	信息不对称程度低
	TotalLoan	*TotalLoan*	*TotalLoan*	*TotalLoan*
Year FE	YES	YES	YES	YES
Industry FE	YES	YES	YES	YES
City FE	YES	YES	YES	YES
观测值	13054	14317	13917	13875
$Adj\ R^2$	0.385	0.412	0.383	0.451

注：括号内报告的是 t 值；*、**、*** 分别代表在 10%、5% 和 1% 水平上显著，标准误在企业层面进行了 cluster 处理。

第六节　金融科技提高企业银行借款的异质性分析

一、企业规模对金融科技与企业银行借款关系的影响

企业规模是判断企业融资难易的重要指标之一（Beck 等，2006）。相较于大企业，小企业的财务信息披露较不规范、抵押资产不充足，导致银行无法考察其真实的信用资质与偿债能力，通常在信贷关系中处于劣势地位（Pittman 和 Fortin，2004；Bharath 等，2007）。这类小企业具有更大的信息不对称性和更高的违约风险，更容易面临融资约束（Berger 和 Udell，2006）。金融科技通过大数据分析和人工智能技术实现对客户信用情况的快速评估，提高了贷款审核效率，减少了对借款企业财务信息的依赖。通过金融科技的发展和应用，银行和企业之间的信息传递更加高效，降低了信息获取和处理的成本，促进了双方信息的对称性。因此，相较于大企业，金融科技更能增加小企业的银行借款可得性，有助于提高其银行借款规模。

本章根据企业规模的年度行业中位数将样本分为大型企业与小型企业两组，分别进行回归。表 8－11 的回归结果显示，*Fintech* 的系数在小型企业的样本中显著为正，而在大型企业样本中不显著，说明相较于大型企业，金融科技更能帮中小型企业获得信贷支持。

表 8-11　金融科技与企业银行借款：基于企业规模的异质性分析

变量	(1)	(2)
	小型企业	大型企业
	TotalLoan	*TotalLoan*
Fintech	0.070***	0.034
	(3.25)	(1.54)
Constant	-0.441***	-0.837***
	(-6.33)	(-11.86)
Controls	YES	YES
Year FE	YES	YES
Industry FE	YES	YES
City FE	YES	YES
观测值	14045	13747
Adj R^2	0.427	0.325

注：括号内报告的是 t 值；*、**、*** 分别代表在 10%、5% 和 1% 水平上显著，标准误在企业层面进行了 cluster 处理。

二、固定资产占比对金融科技与企业银行借款关系的影响

固定资产占比是反映企业有形资产充足率的重要指标之一，企业有形资产的充足程度对市场价值和清算价值有重要影响。企业拥有越充足的有形资产，其市场价值和清算价值也相对较高，从而降低了银行承担的违约风险。因此，在传统的商业银行主导的信贷体系中，固定资产占比高的企业更容易获得银行借款。金融科技借助大数据分析、人工智能等技术，能够获得企业运营状况、财务状况、行业竞争力、客户关系等多维数据。通过对这些数据的准确分析和评估，金融科技可以更全面、客观地了解企业的信用状况和还款能力，而不再将风险评估仅仅依赖于单一的抵押资产（Lin 和 Viswanathan；2016；Iyer 等，2016）。此外，金融科技还催生了各种新型信贷模式，这些模式不再仅仅依赖于传统的实物抵押，而是更注重基于企业商业模式和交易流水等非传统信息的信用评估，能够更快速、便捷地为企业提供融资支持，实现更高效的借贷流程。基于此，金融科技对银行借款的影响在固定资产占比低的企业中更加显著。

本章以固定资产占比的年度行业中位数为标准，将样本分为固定资产占比高低两组，分别进行回归。表 8-12 的回归结果显示，在固定资产占

比低的企业中，金融科技与企业银行借款规模具有显著的正向关系，而在固定资产占比高的企业中，两者关系并不显著，以上回归结果说明，相对于固定资产占比高的企业，金融科技更能帮助固定资产占比低的企业获得信贷支持。

表 8－12　金融科技与企业银行借款：基于固定资产占比的异质性分析

变量	(1)	(2)
	固定资产占比低	固定资产占比高
	TotalLoan	*TotalLoan*
Fintech	0.070***	0.031
	(3.18)	(1.48)
Constant	－0.609***	－0.684***
	(－11.62)	(－12.79)
Controls	YES	YES
Year FE	YES	YES
Industry FE	YES	YES
City FE	YES	YES
观测值	14051	13741
Adj R^2	0.418	0.367

注：括号内报告的是 t 值；*、**、*** 分别代表在 10%、5% 和 1% 水平上显著，标准误在企业层面进行了 cluster 处理。

三、僵尸企业对金融科技与企业银行借款关系的影响

僵尸企业具有高杠杆、低效率的特点，极大地挤占了正常企业的信贷资源，对信贷资源有效配置和经济结构转型升级造成了较大负面影响（王永钦等，2018；刘莉亚等，2019）。

通过金融科技提供的智能信用评估模型，银行等传统金融机构能够更准确地判断企业的还款能力和信用风险，更全面地了解企业的经营状况和潜在价值。金融科技还推动了新型融资模式的发展，这些模式更注重企业的实际运营数据和行为表现，相对传统信贷更具灵活性和针对性。僵尸企业处于长期亏损与经营困难状态，金融科技能够帮助商业银行与贷款机构更好识别和评判，防止贷款资金流向僵尸企业。基于此，金融科技与企业银行借款规模的促进作用在非僵尸企业中更加明显。

本章借鉴谭语嫣等（2017）对僵尸企业识别的方法，采用改进后的

CHK－FN 方法对僵尸企业进行度量，并将样本划分为僵尸企业和非僵尸企业，分别进行回归。表 8－13 的回归结果显示，在非僵尸企业样本中，*Fintech* 的系数显著为正，而在僵尸企业样本中，*Fintech* 与企业银行借款不具备显著的正向关系。以上回归结果说明，金融科技发展水平对企业银行借款的正向作用主要表现在非僵尸企业中，最终使更多的信贷资源流入正常企业，减轻了僵尸企业对信贷资源的挤占。

表 8－13　　金融科技与企业银行借款：基于僵尸企业的异质性分析

变量	(1)	(2)
	僵尸企业	非僵尸企业
	TotalLoan	*TotalLoan*
Fintech	－0.067	0.037 **
	(－0.80)	(2.13)
Constant	－0.451 ***	－0.343 ***
	(－3.42)	(－7.70)
Controls	YES	YES
Year FE	YES	YES
Industry FE	YES	YES
City FE	YES	YES
观测值	1429	21267
Adj R^2	0.348	0.339

注：括号内报告的是 t 值；*、**、*** 分别代表在 10%、5% 和 1% 水平上显著，标准误在企业层面进行了 cluster 处理。

第七节　本章小结

在当前经济形势下，满足企业对信贷资源的需求并优化信贷资源配置已经成为推动我国经济高质量发展的重要着力点之一。本章利用 2011—2020 年非金融上市公司数据，研究了金融科技发展对企业获得信贷资源的影响。研究结果显示，金融科技以技术赋能银行等传统金融机构，明显提升了企业获取银行借款的可能性，特别是提升了企业长期借款和信用借款规模。异质性分析指出，金融科技发展对小型企业、固定资产占比较低的企业以及非僵尸企业的正面影响更加显著，表明金融科技的发展有助于提高信贷资源的有效配置。机制分析表明，金融科技的应用提升了银行识别和挑选潜在客户的能力，减轻了银行与企业之间的信息不对称程度，增加了企业获取信贷资源的机会。通过深入研究金融科技与企业银行借款的关系，了解金融科技对信贷资源的影响，有助于制定更加精准有效的金融政策，提升金融服务的效率和质量，推动金融科技应用的合理发展，加速资金流动，促进资源优化配置，为实现经济高质量发展提供重要支持。

第九章 金融科技与企业短债长用

第一节 研究问题的提出

合理配比企业投融资期限是提高信贷资源配置效率，防范控制金融风险的关键举措。然而，中国上市公司在世界范围内的长期债务比例一直保持较低水平（Fan 等，2012），一旦企业资金链断裂，由此引发的违约风险将扩散至整个金融系统（白云霞等，2016），这种错配是中国各类系统性金融风险的根源（李扬，2014）。因此，缓解投融资期限结构错配问题，提高信贷资源配置效率对于促进金融体系稳定和经济高质量发展具有重要意义。

金融市场的不完善是导致投融资期限错配的主要原因（Morris，1976）。在我国以银行为主导的金融体系中，银行控制企业违约风险时往往采取短期信贷策略，使“短债长用”成为企业投融资结构的常态（刘贯春等，2022；汪伟和张少辉，2022；李增福和陈嘉滢，2023）。短债长用是指企业将借贷的短期资金用于购买长期资产或项目，或者将短期债务用于长期投资和支出的行为，本质上是一种投融资期限结构错配，是金融市场信贷配置效率低下的表现（李逸飞等，2022）。这种行为可能会导致企业在未来无法及时偿还短期债务，引发资金链断裂和违约风险（钟凯等，2016；刘贯春等，2022），甚至在国家层面导致系统性金融风险（Acharya 等，2011），影响经济发展（Farhi 和 Tirole，2012）。

企业短债长用的根源在于难以获得长期融资，需依赖短期债务满足长期投资需求，反映了中国金融体系在支持实体经济长期发展方面的不足，亟须对金融体系进行改革（钟宁桦等，2016）。金融科技的广泛应用正推动中国金融业进入数字化时代（唐松等，2019），引发金融服务模式、流程和产品的变革（盛天翔和范从来，2020）。金融科技可分为银行金融科技和非银行金融科技（彭俞超和马思超，2022）。银行金融科技通过数字化和技术创新改进传统银行服务（李真等，2023），而非银行金融科技则通过创新商业模式和技术应用提供新型金融服务（彭俞超和马思超，2022），如余额宝、微信钱包等，改变了金融生态（贾盾和韩昊哲，2023）。非银行金融科技通过提供高效长期融资、加剧银行业竞争及缓解信息不对称，优化企业债务期限结构并提升长期融资机会（Fuster 等，2019；Marcus，1984；王馨，2015；Pope 和 Sydnor，2011；钟宁桦等，2016）。

第二节　理论分析与研究假设的提出

在以传统银行为主导的金融体系中，实体企业主要依赖银行信贷作为主要外部融资来源（Allen 等，2005）。在中国的现实背景下，传统银行在贷款审批、利率设置和合同条款上流程烦琐，导致贷款期限灵活性不足，企业债务期限结构与投资需求不匹配（宋敏等，2021）。同时，中国金融市场存在信贷歧视，金融机构更倾向于向国有企业提供贷款，而对民营企业态度谨慎，导致金融资源分配不均衡（钟宁桦等，2016）。此外，银企间信息不对称普遍存在，银行因信息识别能力有限，往往通过风险溢价或限制条件应对风险，导致信贷供需无法通过利率机制平衡（李逸飞等，2022）。针对这些问题，非银行金融科技公司凭借高效的风控系统和大数据分析能力，提供了更灵活的贷款期限结构、更充分竞争的市场和更透明的信息环境，为解决上述问题提供了有效途径。因此，本章接下来从企业债务期限结构、银行业竞争和信息不对称三个层面分析非银行金融科技对企业短债长用的潜在影响。

第一，非银行金融科技通过优化债务期限结构缓解企业短债长用问题。传统银行为降低违约风险，倾向于避免提供长期融资，导致企业依赖短期债务支撑长期投资（李逸飞等，2022）。而非银行金融科技凭借人工智能、机器学习等技术，从复杂数据中提取有效信息，提高软信息“硬化”程度，精准评估企业信用风险，实现实时监控和个性化金融产品设计（唐松等，2019；盛天翔和范从来，2020）。其完善的风险管理体系和较强的信息处理能力，可增加长期贷款投放，有效识别客户需求，提供符合企业资金状况的债务结构，并通过大数据分析和机器学习算法，提供更多个性化融资选择，从而缓解短债长用问题。

第二，非银行金融科技通过加强银行业竞争缓解企业短债长用问题。依托区块链、云计算等技术，金融科技公司在支付结算、小微企业贷款等领域占据优势，挤压传统商业银行空间（宋科等，2023）。竞争压力迫使商业银行降低风险承担水平，拓宽信贷范围，服务原本缺乏抵押品的中小微企业，缓解金融排斥（郭品和沈悦，2019）。同时，商业银行增强风险管理能力，调整信贷结构，增加中长期贷款占比，并设置更具竞争力的利率和灵活贷款条件以吸引客户（郑志来，2015）。为追赶金融科技趋势，商业银行通过优化业务流程，提供多样化金融产品，以满足企业不同贷款期限需求（Berger 等，2015）。因此，非银行金融科技的竞争促使传统银行改革经营战略，使企业以更低成本获得符合需求的资金支持，从而缓解短债长用问题。

第三，非银行金融科技通过缓解信息不对称抑制企业短债长用。其强大的数据收集、整合与处理能力，结合人工智能、区块链、云计算等技术，能够低成本获取多样化信息，包括企业社会关系、征信记录等软信息（Lin 和 Viswanathan，2016；Iyer 等，2016），精准评估企业信用风险与还款能力（彭俞超和马思超，2022）。在贷款前，金融科技通过信息甄别技术识别企业需求，提供多样化产品；在贷款后，通过自动化监控降低企业机会主义行为空间，把控违约风险。同时，金融科技对传统银行业务的冲击倒逼银行创新模式，加强信息科技应用，降低银企信息不对称（胡援成和刘明艳，2011；Tang，2019；邱晗等，2018；黄益平和黄卓，2018），从而增加对中小微企业的资金支持，缓解企业短债长用问题。

基于上述分析，本章提出如下假设：

假设 9－1：非银行金融科技的发展有利于抑制企业短债长用。

第三节　实证研究设计

一、样本选择与数据来源

北京大学数字金融研究中心从 2011 年开始编制数字普惠金融指数，由于受到该指数的限制，本章选择 2011—2020 年沪深两市 A 股上市公司作为研究样本。参考李增福和陈嘉滢（2023）、刘冲等（2023）的研究，本章按照如下标准对样本公司进行筛选：（1）剔除金融业公司样本；

（2）剔除 ST、*ST 和 PT 类企业；（3）剔除主要变量数据缺失的样本。同时为避免异常值对本章研究结果的影响，本章对所有连续变量进行了 1% 和 99% 的缩尾处理。经过上述筛选和处理，最终得到 27794 个样本观测值。

本章的数据来源于以下途径：（1）金融科技数据来自北京大学数字金融研究中心编制的北京大学数字普惠金融指数；（2）企业经营数据来源于国泰安（CSMAR）数据库；（3）地区层面数据来源于《中国统计年鉴》。

二、变量定义

1. 被解释变量：短债长用（*SDLA*）

借鉴李逸飞等（2022）、李增福等（2022）的研究，本章采用企业短期负债占比（短期负债除以总负债）和短期资产占比（短期资产除以总资产）之差度量企业短债长用，该变量值越大，表明企业短债长用现象越严重①。此外，本章参考钟凯等（2016）的计算方法，在稳健性检验部分重新测度企业短债长用程度，重新进行检验。

2. 关键解释变量：非银行金融科技（*Fintech*）

本章重点关注非银行金融科技的发展对企业短债长用的影响，参考彭俞超和马思超（2022）的研究，选择北京大学数字普惠金融指数作为度量指标。

3. 控制变量

参考李增福等（2022）、刘贯春等（2022）、汪伟和张少辉（2022）的研究，本章分别在企业和地区层面控制如下变量：公司规模（*Size*）、资产负债率（*Lev*）、现金流水平（*CFO*）、营业收入增长率（*Growth*）、总资产收益率（*Roa*）、产权性质（*Soe*）、机构投资者持股比例（*Inshare*）、股权集中度（*Top*10）、董事会规模（*Board*）、地区经济发展水平（*GDP*）、地区金融发展水平（*Finance*）。本章主要变量的定义和计算方法如表 9-1 所示。

---

① 在本章中，短期负债包括短期借款、应交税费、应付利息、应付票据、应付账款、应付职工薪酬、应付股利、应付手续费及佣金、一年内到期的非流动负债。而短期资产则包括货币资金、应收利息净额、应收股利净额、其他应收款净额、短期投资净额、应收票据净额、应收账款净额、存货净额以及一年内到期的非流动资产。

表 9-1　　变量定义表

变量类型	变量名称	变量符号	变量度量
被解释变量	短债长用	*SDLA*	（短期负债/总负债）-（短期资产/总资产）
解释变量	非银行金融科技	*Fintech*	北京大学数字普惠金融指数的自然对数
控制变量	公司规模	*Size*	年末总资产的自然对数
	资产负债率	*Lev*	年末总负债除以年末总资产
	现金流水平	*CFO*	经营性现金流与总资产的比值
	营业收入增长率	*Growth*	（本期营业收入-上期营业收入）/上期营业收入
	总资产收益率	*Roa*	净利润与总资产的比值
	产权性质	*Soe*	虚拟变量，国有企业取值为1，否则为0
	机构投资者持股比例	*Inshare*	机构投资者持股总数除以总股数
	股权集中度	*Top*10	前十大股东持股总数除以总股数
	董事会规模	*Board*	董事会人数的自然对数
	地区经济发展水平	*GDP*	各城市 GDP 增长率
	地区金融发展水平	*Finance*	各城市金融机构存贷款余额/GDP

三、模型设定

为检验非银行金融科技对企业短债长用的影响，本章设定如下回归模型，见式（9-1）：

$$SDLA_{i,t} = \alpha_0 + \alpha_1 Fintech_{i,t} + \alpha_2 Controls_{i,t} + YearFE + FirmFE + \varepsilon_{i,t} \quad \text{式（9-1）}$$

其中，下标 i 和 t 分别表示企业 i 和第 t 年，被解释变量 *SDLA* 代表企业短债长用程度，基于企业短期负债占比和短期资产占比之差构建。*Fintech* 代表非银行金融科技发展水平，基于北京大学数字金融研究中心编制的地级市层面“中国数字普惠金融指数”度量；*Controls* 为一系列影响企业短债长用程度的控制变量。*Year FE* 为年份固定效应，*Firm FE* 为企业个体固定效应，ε 为随机扰动项。本章主要关注 *Fintech* 的估计系数 α_1，它度量了非银行金融科技对企业短债长用的影响。本章将标准误在企业层面进行了聚类调整，以缓解潜在的自相关问题干扰。

第四节　实证结果与分析

一、描述性统计与相关系数分析

表9－2报告了主要变量的描述性统计结果与相关系数。短债长用（*SDLA*）的均值为0.128，中位数为0.154，标准差为0.256，表明不同企业之间的短债长用程度存在较大差异。非银行金融科技（*Fintech*）的均值为5.305，标准差为0.415，表明我国不同城市之间的非银行金融科技发展水平差距较大。本章主要变量描述性统计结果与已有文献大致相同。其他变量间相关系数大部分小于0.5，表明不太可能受到多重共线问题影响。

二、基准回归结果

表9－3报告了非银行金融科技发展对企业短债长用影响的基准回归结果。第（1）列和第（2）列未加入控制变量，且分别控制年度、行业、城市以及年度、企业固定效应。结果显示，*Fintech* 系数分别为－0.135和－0.115，且都在1%的统计水平上显著为负。相较之下，第（3）列和第（5）列在第（1）列和第（2）列的基础上加入控制变量。结果显示，*Fintech* 系数分别为－0.133和－0.117，且在1%的统计水平上显著为负。考虑到行业层面随时间变化的不可观测因素会使本章回归结果产生偏差，本章在第（4）列中进一步控制了年度×行业固定效应。结果显示，*Fintech* 系数为－0.090，且在5%的统计水平上显著为负。以第（5）列为例，*Fintech* 每变动一个标准差，企业短债长用程度下降约38%（－0.117×0.415/0.128），说明该结果具有显著的经济意义。以上回归结果表明，非银行金融科技发展水平越高，对企业短债长用的抑制作用越强，验证了本章假设。

表 9－2　　主要变量的描述性统计结果与相关系数

变量	平均值	标准差	中位数	1	2	3	4	5	6	7	8	9	10	11	12	13
1. *SDLA*	0.128	0.256	0.154	1												
2. *Fintech*	5.305	0.415	5.435	0.059 ***	1											
3. *Size*	22.140	1.290	21.960	-0.076 ***	0.118 ***	1										
4. *Lev*	0.420	0.209	0.410	-0.109 ***	-0.025 ***	0.517 ***	1									
5. *CFO*	0.045	0.070	0.045	0.106 ***	0.093 ***	0.063 ***	-0.161 ***	1								
6. *Roa*	0.036	0.065	0.037	-0.056 ***	-0.045 ***	-0.014 **	-0.374 ***	0.363 ***	1							
7. *Growth*	0.396	1.044	0.138	-0.245 ***	0.016 ***	0.019 ***	0.082 ***	-0.106 ***	-0.009	1						
8. *Soe*	0.347	0.476	0.000	-0.067 ***	-0.109 ***	0.378 ***	0.296 ***	-0.001	-0.083 ***	0.032 ***	1					
9. *Inshare*	0.448	0.251	0.464	-0.078 ***	-0.102 ***	0.432 ***	0.207 ***	0.105 ***	0.095 ***	0.019 ***	0.413 ***	1				
10. *Top*10	0.592	0.151	0.605	-0.029 ***	0.040 ***	0.115 ***	-0.131 ***	0.129 ***	0.256 ***	-0.014 **	-0.051 ***	0.440 ***	1			
11. *Board*	2.240	0.176	2.303	0.007	-0.132 ***	0.260 ***	0.144 ***	0.035 ***	0.018 ***	-0.021 ***	0.274 ***	0.226 ***	0.010	1		
12. *GDP*	7.651	2.891	7.600	-0.057 ***	-0.692 ***	-0.111 ***	0.022 ***	-0.083 ***	0.054 ***	-0.012 **	0.069 ***	0.069 ***	-0.020 ***	0.085 ***	1	
13. *Finance*	3.978	1.701	3.647	-0.142 ***	0.366 ***	0.103 ***	0.008	-0.029 ***	-0.002	0.075 ***	0.048 ***	0.012 **	0.051 ***	-0.037 ***	-0.271 ***	1

注：*、**、*** 分别代表在 10%、5% 和 1% 水平上显著。

表 9-3　　　　　金融科技与企业短债长用的回归结果

变量	(1)	(2)	(3)	(4)	(5)
	SDLA	*SDLA*	*SDLA*	*SDLA*	*SDLA*
Fintech	-0.135***	-0.115***	-0.133***	-0.090**	-0.117***
	(-3.17)	(-2.84)	(-3.11)	(-2.01)	(-2.89)
Size			-0.001	-0.001	0.001
			(-0.43)	(-0.31)	(0.10)
Lev			-0.082***	-0.087***	-0.125***
			(-4.49)	(-4.71)	(-5.75)
CFO			0.139***	0.138***	-0.039*
			(4.79)	(4.62)	(-1.77)
Roa			-0.367***	-0.367***	-0.130***
			(-10.40)	(-10.12)	(-4.29)
Growth			-0.020***	-0.020***	-0.005***
			(-8.57)	(-8.55)	(-3.18)
Soe			-0.017**	-0.018**	0.011
			(-2.40)	(-2.42)	(0.78)
Inshare			-0.009	-0.010	-0.031
			(-0.67)	(-0.74)	(-1.37)
*Top*10			-0.042**	-0.039*	-0.149***
			(-1.98)	(-1.84)	(-4.66)
Board			0.027*	0.029*	0.003
			(1.77)	(1.85)	(0.16)
GDP			0.001	0.001	-0.001
			(0.61)	(0.70)	(-0.85)
Finance			-0.001	-0.001	-0.000
			(-0.71)	(-0.43)	(-0.19)
Constant	0.697***	0.561***	0.740***	0.648***	0.725***
	(3.85)	(3.24)	(3.78)	(2.62)	(3.37)
Year FE	是	是	是	否	是
Industry FE	是	否	是	否	否
City FE	是	否	是	是	否

续表

变量	(1)	(2)	(3)	(4)	(5)
	SDLA	*SDLA*	*SDLA*	*SDLA*	*SDLA*
Firm FE	否	是	否	否	是
Year FE × *Industry FE*	否	否	否	是	否
观测值	27794	27794	27794	27794	27794
Adj R^2	0.325	0.031	0.341	0.343	0.045

注：括号内报告的是 t 值；*、**、*** 分别代表在 10%、5% 和 1% 水平上显著，标准误在企业层面进行了 cluster 处理。

三、稳健性检验

1. 工具变量法

在研究非银行金融科技对企业短债长用的影响时，可能存在以下一些内生性问题。一方面，非银行金融科技对企业短债长用的影响可能受到一系列难以观测或者无法度量因素的影响，导致估计结果出现偏误；另一方面，非银行金融科技的发展促使市场更加注重效率和创新，提高了企业的生存门槛。在这样的市场环境下，低效率的企业面临更大的市场竞争压力，可能更容易退出市场。此时，金融科技发展对企业存在选择效应，未退出市场的企业可能短债长用程度原本就较低。基于此，本章首先采用工具变量法缓解上述内生性问题，选择工具变量如下：

第一，本章参考贾盾和韩昊哲（2023）对工具变量的设计思路，采用互联网普及率（*Internet_IV*）作为非银行金融科技的工具变量。互联网普及率以当地每百人互联网宽带用户度量，其与金融科技发展水平直接相关，满足工具变量相关性假设。与此同时，地区互联网普及率并不会直接改变企业的短债长用决策，满足工具变量的外生性假设。第二，本章参考肖泉等（2023）的研究，利用 1984 年年末邮电局数与全省范围内（本市除外）金融科技水平的均值的乘积（*Mail_IV*）作为金融科技的工具变量。一方面，邮电局作为兼顾邮政和电信两方面的业务部门，其发展状况在一定程度上可以代表地区数字基础设施的发展水平，并且该指标与金融科技水平交乘可以构成年度指标，满足工具变量的相关性假设。另一方面，1984 年各地级市邮电局数不太可能影响现在企业的短债长用程度，满足工具变量排他性假设。

采用上述工具变量的回归结果如表 9－4 所示。结果显示，第（1）列和第（3）列为工具变量的第一阶段，*Internet_IV* 和 *Mail_IV* 的回归系数均在 1% 的统计水平上显著为正。此外，Kleibergen – Paap rk LM 统计量分别为 466. 808 和 150. 451，拒绝了弱工具变量的原假设。第（2）列和第（4）列为工具变量的第二阶段回归结果，*Fintech* 的系数分别为 –0. 245 和 –0. 126，且分别在 5% 和 1% 的统计水平上显著为负，说明在控制潜在内生性问题后基准回归结果仍然成立。

表 9 – 4　　金融科技与企业短债长用：工具变量法

变量	(1)	(2)	(3)	(4)
	第一阶段	第二阶段	第一阶段	第二阶段
	Fintech	*SDLA*	*Fintech*	*SDLA*
Internet_IV	0. 065 *** (29. 07)			
Mail_IV			0. 166 *** (13. 71)	
Fintech	–0. 001 (–1. 34)	–0. 245 ** (–2. 16)	–0. 003 ** (–2. 03)	–0. 126 *** (–5. 47)
Controls	是	是	是	是
Year FE	是	是	是	是
Firm FE	是	是	是	是
Kleibergen – Paap rk LM 统计量	466. 808		150. 451	
观测值	26247	26247	25911	25911
Adj R^2	0. 994	0. 017	0. 993	0. 140

注：括号内报告的是 t 值；*、**、*** 分别代表在 10%、5% 和 1% 水平上显著，标准误在企业层面进行了 cluster 处理。

2. 双重差分法

本章进一步采用双重差分法来缓解潜在的内生性问题。参考宋敏等（2021）的研究方法，选择 2015 年 12 月 31 日国务院印发的《推进普惠金融发展规划（2016—2020 年）》作为促进地区金融科技发展的一次外生冲击。《推进普惠金融发展规划（2016—2020 年）》的目标是促进非银行金融机构运用科技优化升级，鼓励采用新兴信息技术如大数据和云计算等，打造互联网金融服务平台，以提供全方位金融服务，包括信息、资金、产品等，进而提高金融的普惠性。考虑到这一政策由中央制定，对于金融机构而言是促进其提高金融科技水平的一个相对外生冲击，这为本章构造双重差分模型以识别非银行金融科技发展水平与企业短债长用之间的因果关系提供了一个良好的实验场景。由于各地区金融机构运用金融科技的水平不同，在金融科技发展较弱的地区，金融机构所受到的冲击相对较大。因此，本章根据2015年各地级市金融科技发展水平的年度中位数将样本分为高低两组，其中，高金融科技发展水平组作为实验组，而低金融科技发展水平组作为控制组。据此，构建双重差分模型，见式（9－2）：

$$SDLA_{i,t} = \beta_0 + \beta_1 Treat_{i,t} \times Post_{i,t} + \beta_2 Controls_{i,t} + YearFE + FirmFE + \varepsilon_{i,t} \quad \text{式（9－2）}$$

其中，下标 i 和 t 表示企业 i 和第 t 年当样本属于实验组时，*Treat* 取值为1，当样本属于对照组时，*Treat* 取值为0。*Post* 是一个时点变量，2016年及以后取值为1，之前取值为0。其他控制变量与式（9－1）相同。$Treat \times Post$ 的系数 β_1 捕捉了外生政策冲击的影响，如果 β_1 显著为负，说明受政策冲击较大的地区，企业短债长用程度下降，即非银行金融科技能够显著抑制企业短债长用。回归结果如表9－5所示，无论在第（1）列控制年份、企业固定效应，还是在第（2）列控制年份、行业和城市固定效应，$Treat \times Post$ 的系数都在1%的统计水平上显著为负，说明在缓解潜在内生性问题后，本章结论仍然稳健。

表9－5　　　　金融科技与企业短债长用：双重差分法

变量	（1）	（2）
	SDLA	*SDLA*
$Treat \times Post$	－0.033***	－0.035***
	（－2.79）	（－2.94）
Constant	0.225*	－0.127
	（1.77）	（－1.57）
Controls	是	是
Year FE	是	是
Industry FE	否	是
City FE	否	是
Firm FE	是	否
观测值	27794	27794
$Adj\ R^2$	0.045	0.341

注：括号内报告的是t值；*、**、***分别代表在10%、5%和1%水平上显著，标准误在企业层面进行了cluster处理。

3. 替换被解释变量

本章参考钟凯等（2016）的方法，重新度量企业短债长用程度。具体公式为：［（购建固定资产、无形资产和其他长期资产支付的现金）-（长期借款本期增加额+本期所有者权益增加额+经营活动产生的现金流量净额+处置固定资产、无形资产和其他长期资产收回的现金净额）］/总资产。该方法从当期长期信贷与短期信贷增量的角度对企业短债长用程度进行测度，回归结果如表9-6所示。结果显示，无论在第（1）列控制年份、企业固定效应，还是在第（2）列控制年份、行业和城市固定效应，替换变量后 *Fintech* 的系数仍然在5%的统计水平上显著为负，证明了本章结论的稳健性。

表9-6　　金融科技与企业短债长用：替换被解释变量

变量	(1)	(2)
	SFLI	*SFLI*
Fintech	-0.051**	-0.052**
	(-2.08)	(-2.25)
Constant	1.514***	0.512
	(11.82)	(0.00)
Controls	是	是
Year FE	是	是
Industry FE	否	是
City FE	否	是
Firm FE	是	否
观测值	26199	26199
Adj R^2	0.385	0.419

注：括号内报告的是t值；*、**、***分别代表在10%、5%和1%水平上显著，标准误在企业层面进行了cluster处理。

4. 替换解释变量

除数字普惠金融总指数外，该指标还从多维度分别度量金融科技发展水平的不同方面。基于此，本章借鉴谢绚丽等（2018）以及解维敏等（2021）的研究，采用金融科技覆盖广度（*Fintech_breadth*）重新度量非银行金融科技水平。此外，考虑到数字普惠金融指数并不是专门针对企业信贷相关的金融科技编制的，数据的相关性可能存在一定的局限。因此，本章参考盛天翔和范从来（2020）的研究，构建金融科技百度搜索指数

(*Fintech_score*) 重新度量非银行金融科技水平①。上述回归结果如表 9－7 所示，结果显示，*Fintech_breadth* 的回归系数在 1% 的统计水平上显著为负，说明非银行金融科技依靠金融服务门槛的降低，服务范围的扩大，以及金融科技使用深度的提高，实现了金融服务与智能科技的深度融合，提高了当地金融部门的资金配置效率，进而有利于抑制企业短债长用。*Fintech_score* 的回归系数在 1% 的统计水平上显著为负，说明基准回归的估计结果是稳健的。

表 9－7　　　　金融科技与企业短债长用：替换解释变量

变量	(1)	(2)
	SDLA	*SDLA*
Fintech_breadth	－0.085*** (－3.05)	
Fintech_score		－0.044*** (－3.54)
Constant	0.597*** (3.44)	0.201 (1.58)
Controls	是	是
Year FE	是	是
Firm FE	是	是
观测值	27794	27794
Adj R^2	0.045	0.045

注：括号内报告的是 t 值；*、**、*** 分别代表在 10%、5% 和 1% 水平上显著，标准误在企业层面进行了 cluster 处理。

5. 排除其他因素的干扰

其他类型的技术进步可能与金融科技发展存在相关性，导致无法准确判断金融科技对企业短债长用的真实影响。基于此，本章进一步控制企业工业机器人应用程度（*Robot*）以及数字基础设施发展程度（*Digital*）以控制其他类型技术进步的影响。回归结果如表 9－8 第（1）列所示，结果

① 与金融科技相关的关键词主要包括以下几个方面：(1) 基本技术角度包括大数据、云计算、人工智能、区块链、生物识别；(2) 资金支付角度包括在线支付、移动支付、第三方支付；(3) 金融科技中介服务模式角度包括网贷、网上融资、网络融资、网络小额贷款、网络贷款、网银、网络银行、电子银行、在线银行、开放银行、互联网银行、直销银行；(4) 金融科技的直接称呼角度包括互联网金融、金融科技。上述多层面指标全部采集后，采用熵值法确定权重，最后将多个指数合成为综合指数。

显示，在控制其他类型技术进步的影响后，*Fintech* 的系数仍然在 1% 的统计水平上显著为负。

此外，本章进一步控制了同时期的其他政策冲击。具体而言，我国金融业关于贷款与存款利率限额的政策会影响金融机构对企业的贷款策略。例如，2013 年我国取消贷款利率下限管制，2015 年取消存款利率上限管制，这导致金融机构基本利差空间受到挤压，进而影响企业贷款期限。在表 9－8 的第（2）列中，本章加入了是否取消贷款利率下限管制（*Low_limit*）和是否取消存款利率上限管制（*High_limit*）虚拟变量，如果在上述政策实施期间，变量取值为 1，否则为 0。结果显示，在控制同时期的其他政策影响后，*Fintech* 的系数仍然在 1% 的统计水平上显著为负。第（3）列将其他类型的技术进步变量和同时期的其他政策冲击变量同时加入模型，*Fintech* 的系数仍然显著为负，证明了本章研究结论的稳健性。

表 9－8　　金融科技与企业短债长用：排除其他因素的干扰

变量	（1）	（2）	（3）
	SDLA	*SDLA*	*SDLA*
Fintech	－0.110***	－0.117***	－0.110***
	（－2.67）	（－2.89）	（－2.67）
Robot	－0.000		－0.000
	（－0.03）		（－0.03）
Digital	0.023		0.023
	（0.60）		（0.60）
Low_limit		0.151***	0.128***
		（4.31）	（3.61）
High_limit		0.078***	0.074***
		（3.46）	（3.25）
Constant	0.703***	0.725***	0.703***
	（3.21）	（3.37）	（3.21）
Controls	是	是	是
Year FE	是	是	是
Firm FE	是	是	是
观测值	25860	27794	25860
Adj R^2	0.036	0.045	0.036

注：括号内报告的是 t 值；*、**、*** 分别代表在 10%、5% 和 1% 水平上显著，标准误在企业层面进行了 cluster 处理。

6. 其他稳健性检验

唐松等（2019）研究发现，金融科技的影响不仅局限于当地城市，还会对周边地区和整个行业产生溢出效应。为了排除非本地金融科技发展对本地企业短债长用的影响，本章在表 9－9 的第（1）列中控制了本市以外金融科技发展水平，即地级市周边 200 千米以内非本市金融科技公司数目。回归结果显示，在控制非本地金融科技发展的溢出效应后，*Fintech* 的系数仍然在 1% 的统计水平上显著为负。

此外，由于特殊的政治和市场地位，直辖市相较于其他城市的金融科技发展速度较快，且直辖市企业更容易获得更多信贷资源，短债长用程度相对较弱。此时，实证回归的遗漏变量问题较为严重，因此本章在表 9－9 的第（2）列中剔除了直辖市特定样本后重新进行回归。回归结果显示，*Fintech* 的系数仍然在 1% 的统计水平上显著为负，本章基准结果依然稳健。

表 9－9　　金融科技与企业短债长用：其他稳健性检验

变量	（1）	（2）
	SDLA	*SDLA*
Fintech	－0.124***	－0.133***
	（－2.81）	（－3.12）
Constant	0.699***	－0.133***
	（3.02）	（－3.12）
Controls	是	是
Year FE	是	是
Firm FE	是	是
观测值	24440	22269
Adj R^2	0.048	0.046

注：括号内报告的是 t 值；*、**、*** 分别代表在 10%、5% 和 1% 水平上显著，标准误在企业层面进行了 cluster 处理。

第五节　金融科技抑制企业短债长用的机制检验

一、金融科技、债务期限结构与企业短债长用

金融科技的发展将会改变企业债务结构，促使企业更多地通过金融科

技渠道获取长期债务。具体而言，金融科技平台可能通过创新的风险定价模型、信用评估工具等技术手段评估企业客户的信用水平和未来偿债能力，进而满足企业对长期债务的需求。相对于短期债务，长期债务具有更长的偿还期限，且通常拥有固定的利率和偿还计划（钟凯等，2016）。长期债务比例的上升将有利于提高企业财务稳定性，抑制企业对短期债务的过度依赖，从而降低短债长用的可能性。

参考 Barclay 和 Smith（1995）以及凌润泽等（2023）的研究，本章以长期债务占总债务的比例作为债务期限结构的度量指标，并根据债务期限结构的年度中位数将样本分为长期债务占比低和长期债务占比高两组，分别进行回归，回归结果如表 9 - 10 所示。结果显示，在长期债务占比低的组中，*Fintech* 的系数为 -0.190，且在 1% 的统计水平上显著为负，而在长期债务占比高的组中，*Fintech* 的系数不显著。这表明，当企业长期债务占比较低时，非银行金融科技更能够发挥对债务期限结构的优化作用，提高长期债务占比，进而抑制企业短债长用。

表 9 - 10　金融科技与企业短债长用：基于债务期限结构的机制检验

变量	(1)	(2)
	长期债务占比低	长期债务占比高
	SDLA	*SDLA*
Fintech	-0.190***	-0.026
	(-2.79)	(-0.54)
Constant	-0.190***	-0.026
	(-2.79)	(-0.54)
Controls	是	是
Year FE	是	是
Firm FE	是	是
观测值	13886	13908
Adj R^2	0.061	0.045

注：括号内报告的是 t 值；*、**、*** 分别代表在 10%、5% 和 1% 水平上显著，标准误在企业层面进行了 cluster 处理。

二、金融科技、银行业竞争与企业短债长用

非银行金融科技（如数字货币支付、互联网金融等）的发展给企业提供了多元化的融资渠道，促使传统银行在融资定价和服务质量等方面面临

更大的竞争压力。为了维持自身的市场地位，传统银行有动机调整融资条件和利率水平以更好地吸引客户，这有助于减少企业融资成本，提高长期债务融资的可得性，进而缓解企业开展投资中因无法获得长期融资而过度依赖短期债务的情况。

参考彭俞超和马思超（2022）的研究，本章以银行集中度来刻画信贷竞争强度。具体而言，银行集中度定义为工农中建交五家国有大型商业银行的分支机构数占该地区所有银行分支机构数的比重之和，其反映了该地区银行业的竞争程度。银行集中度越小，则说明当地银行的竞争程度越高。本章进一步根据银行集中度的年度中位数将样本分为银行业竞争水平低和银行业竞争水平高两组分别进行回归，回归结果如表 9 - 11 所示。结果显示，在低于银行集中度年度中位数的样本中，即银行业竞争水平高的组中，*Fintech* 的回归系数不显著，而在银行业竞争水平低的组中，*Fintech* 的回归系数为 -0.129，且在 1% 的统计水平上显著为负。上述结果说明，在原本银行业竞争水平低的地区，非银行金融科技的发展为企业提供了更多融资选择，更能够提高传统银行业的竞争压力，进而提高银行对信贷资源的配置效率，降低企业对短债长用的依赖程度。

表 9 - 11　金融科技与企业短债长用：基于银行业竞争水平的机制检验

变量	(1)	(2)
	银行业竞争水平高	银行业竞争水平低
	SDLA	*SDLA*
Fintech	-0.004	-0.129***
	(-0.05)	(-2.58)
Constant	0.168	0.891***
	(0.44)	(3.32)
Controls	是	是
Year FE	是	是
Firm FE	是	是
观测值	14290	13504
Adj R^2	0.051	0.040

注：括号内报告的是 t 值；*、**、*** 分别代表在 10%、5% 和 1% 水平上显著，标准误在企业层面进行了 cluster 处理。

三、金融科技、信息不对称与企业短债长用

信息不对称是导致信贷期限错配的一个重要因素。随着非银行金融科

技的发展，金融科技公司利用数据分析、人工智能等技术手段能够更好地评估企业的信用风险和资信状况，这种透明度的提高有助于缓解企业与金融科技公司之间的信息不对称，使企业能够更准确地被评估和定价，从而更容易获得长期融资，减少对短期债务的依赖。此外，金融科技公司的发展也会倒逼传统银行进行技术创新。通过利用前沿的技术手段，银行能够缓解由于信息不对称导致的信贷歧视，进一步优化信贷资源配置效率。

参考宋敏等（2021）的研究，本章基于个股交易数据构建信息不对称的代理指标。具体而言，通过计算流动性比率指标、非流动性比率指标和收益率反转指标，并对上述指标进行主成分分析，构建信息不对称的综合指标。进一步根据综合指标的年度中位数，将样本分为信息不对称程度高和低两组，分别进行回归，回归结果如表 9 - 12 所示。结果显示，在信息不对称程度高的组中，*Fintech* 的回归系数为 -0.222，且在 1% 的统计水平上显著为负，而在信息不对称程度低的组中，*Fintech* 的回归系数不显著。上述结果表明，当信息环境较差时，非银行金融科技发展带来的技术进步更能够发挥积极作用，通过降低信息不对称程度，进而抑制企业的短债长用。

表 9 - 12　金融科技与企业短债长用：基于信息效应的机制检验

变量	(1)	(2)
	信息不对称程度高	信息不对称程度低
	SDLA	*SDLA*
Fintech	-0.222***	-0.034
	(-2.91)	(-0.78)
Constant	0.975**	0.484*
	(2.51)	(1.96)
Controls	是	是
Year FE	是	是
Firm FE	是	是
观测值	9613	17982
Adj R^2	0.034	0.049

注：括号内报告的是 t 值；*、**、*** 分别代表在 10%、5% 和 1% 水平上显著，标准误在企业层面进行了 cluster 处理。

第六节　金融科技抑制企业短债长用的异质性分析

一、产权性质对金融科技与企业短债长用关系的影响

国有企业与政府关系紧密且享有政策支持，使其具有融资便利，易于获得长期债务，减少对短期债务的依赖。而非国有企业因缺乏政府背书和优惠政策，面临更大的融资难题，导致其更依赖短期债务，即“短债长用”现象更为严重（钟宁桦等，2016）。基于此，非银行金融科技机构通过技术手段革新传统金融业务，利用前沿技术进行信用评级，有助于减少对非国有企业的信贷歧视，使其获得更多长期融资机会，从而降低对短期债务的依赖。因此，非银行金融科技对非国有企业的边际贡献更大，更有利于抑制其短债长用问题。

本章根据产权性质将样本分为非国有企业和国有企业两组分别进行回归，回归结果如表 9 - 13 所示。结果显示，在非国有企业组中，*Fintech* 的系数为 - 0.207，且在 1% 的统计水平上显著为负，而在国有企业组中，*Fintech* 的系数不显著，这说明非银行金融科技对非国有企业短债长用的抑制作用更强。

表 9 - 13　　金融科技与企业短债长用：基于产权性质的异质性分析

变量	(1)	(2)
	非国有企业	国有企业
	SDLA	*SDLA*
Fintech	- 0.207***	0.030
	(- 3.59)	(0.57)
Constant	1.089***	0.493
	(3.73)	(1.51)
Controls	是	是
Year FE	是	是
Firm FE	是	是
观测值	18150	9644
Adj R^2	0.063	0.027

注：括号内报告的是 t 值；*、**、*** 分别代表在 10%、5% 和 1% 水平上显著，标准误在企业层面进行了 cluster 处理。

二、CEO 金融背景对金融科技与企业短债长用关系的影响

CEO 作为企业管理的核心决策者，拥有金融背景的 CEO 更熟悉传统银行融资渠道，能够与银行建立稳固的合作关系，获取更有利的融资条件（杜勇等，2019）。银行基于长期合作的信任关系，能够更全面地评估企业风险，提供定制化融资方案，从而减少企业对短期债务的依赖。相比之下，非银行金融科技作为新兴金融服务，虽能通过技术提供灵活融资解决方案，但对拥有金融背景 CEO 的企业作用有限。因此，非银行金融科技对抑制企业“短债长用”现象的作用，在缺乏金融背景 CEO 的企业中更为显著。

本章参考杜勇等（2019）的衡量方法来定义 CEO 金融背景，即 CEO 金融背景是指 CEO 曾在政策性银行、商业银行、投资银行、金融监管部门、基金管理公司、保险公司、交易所、证券公司、证券登记结算公司、期货公司、信托公司、投资管理公司和其他金融机构担任职位。本章进一步根据 CEO 是否拥有金融背景将样本分为两组分别进行回归，回归结果如表 9 - 14 所示。结果显示，在 CEO 拥有金融背景的组中，*Fintech* 的回归系数不显著，而在 CEO 没有金融背景的组中，*Fintech* 的回归系数为 -0.147，且在 5% 的统计水平上显著为负。这说明对于 CEO 没有金融背景的企业，企业获得银行等传统金融机构长期融资的可能性更低，非银行金融科技对此类企业短债长用的抑制作用更强。

表 9 - 14　金融科技与企业短债长用：基于 CEO 金融背景的异质性检验

变量	(1)	(2)
	CEO 拥有金融背景	CEO 没有金融背景
	SDLA	*SDLA*
Fintech	-0.054	-0.147**
	(-1.09)	(-2.18)
Constant	0.376	1.129***
	(1.42)	(2.85)
Controls	是	是
Year FE	是	是
Firm FE	是	是
观测值	19320	8474
Adj R^2	0.039	0.061

注：括号内报告的是 t 值；*、**、*** 分别代表在 10%、5% 和 1% 水平上显著，标准误在企业层面进行了 cluster 处理。

三、企业生命周期对金融科技与企业短债长用关系的影响

不同生命周期阶段的企业面临着不同的运营和融资环境，对金融科技的依赖和利用程度也不尽相同。初创期企业通常面临较大的信息不对称问题，金融科技通过提供更有效的信息搜集、处理和共享机制，能够有效降低金融机构与此类企业之间的信息不对称水平，进而有助于金融机构更准确地评估企业的信用状况和违约风险，从而更容易提供长期贷款。此外，传统融资渠道往往无法满足初创期企业的长期融资需要。金融科技通过众筹等新型融资模式为这些企业提供了更多的长期融资途径，从而减少了它们对短债长用的依赖。基于此，本章预测，金融科技对企业短债长用的抑制作用对初创期企业更显著。

为检验企业生命周期对金融科技与企业短债长用关系的影响，本章将样本企业的生命周期分为初创期、成熟期与衰退期三个阶段并分别进行回归，回归结果如表 9－15 所示。结果显示，在处于初创期的企业中，*Fintech* 的回归系数显著为负；而在处于成熟期与衰退期的企业中，*Fintech* 的回归系数并不显著，说明非银行金融科技发展对企业短债长用抑制作用在处于初创期的企业中更显著。这说明非银行金融科技能够缓解信贷资源的阶段错配，促使初创期企业获得更多长期贷款，从而缓解短贷长投现象。

表 9－15　金融科技与企业短债长用：基于企业生命周期的异质性检验

变量	(1)	(2)	(3)
	初创期	成熟期	衰退期
	SDLA	*SDLA*	*SDLA*
Fintech	−0.124**	−0.027	0.227
	(−2.33)	(−0.56)	(0.83)
Constant	1.213***	0.113	−0.766
	(4.02)	(0.37)	(−0.65)
Controls	是	是	是
Year FE	是	是	是
Firm FE	是	是	是
观测值	8682	8590	8653
Adj R^2	0.035	0.048	0.020

注：括号内报告的是 t 值；*、**、*** 分别代表在 10%、5% 和 1% 水平上显著，标准误在企业层面进行了 cluster 处理。

四、市场化水平对金融科技与企业短债长用关系的影响

相对于传统银行，非银行金融科技机构通常是在市场需求的推动下产生的。市场的不断发展和变化，以及对金融服务的更高要求，为非银行金融科技机构发展提供了契机。此时，非银行金融科技的发展为它们利用大数据、人工智能等技术手段对企业进行信用评估提供了技术支持。换言之，在此环境下，非银行金融科技的发展也有充足的应用主体，更能发挥金融科技的信贷配置优化作用。基于此，本章假设在市场化水平高的地区，非银行金融科技对企业短债长用的抑制作用更强。

为检验这一调节效应是否存在，本章根据企业所处地的“市场化总指数”评分，将样本分为高市场化与低市场化两组分别进行回归，回归结果如表 9－16 所示。结果显示，在市场化水平低的组中，*Fintech* 的系数不显著，而在市场化水平高的组中，*Fintech* 的系数为 －0.159，且在 1% 的统计水平上显著为负，说明在处于市场化发展程度较好地区的企业中，非银行金融科技发展对企业短债长用抑制作用更强。这说明在市场环境更好的地区，新型金融公司能够更好地利用非银行金融科技发展所带来的多维数据与金融科技技术，为企业提供更优质的信贷服务，从而降低企业对短期债务的依赖程度。

表 9－16　金融科技与企业短债长用：基于市场化水平的异质性检验

变量	(1)	(2)
	市场化水平低	市场化水平高
	SDLA	*SDLA*
Fintech	－0.082	－0.159***
	(－1.08)	(－2.98)
Constant	0.572	0.863***
	(1.49)	(3.02)
Controls	是	是
Year FE	是	是
Firm FE	是	是
观测值	14908	12886
Adj R^2	0.055	0.030

注：括号内报告的是 t 值；*、**、*** 分别代表在 10%、5% 和 1% 水平上显著，标准误在企业层面进行了 cluster 处理。

第七节　金融科技抑制企业短债长用的经济后果分析

非银行金融科技抑制企业短债长用会产生哪些经济后果，是否会对企业经营状况和长期发展发挥有效作用？由于长期债务通常具有更加稳定的还款压力和较低的利息支出，相对于短期债务更有利于维持企业的财务健康，因此抑制企业短债长用有助于提高企业的盈利能力，降低企业的经营风险（钟凯等，2016；李增福和陈嘉滢，2023）。基于以上分析，本章分别从企业财务业绩与破产风险两方面来考察非银行金融科技发展抑制企业短债长用的经济后果。

一、金融科技抑制企业短债长用对财务业绩的影响

为检验非银行金融科技发展抑制企业短债长用会对企业财务业绩产生什么影响，本章构建实证模型进行检验，见式（9－3）：

$$Performance_{i,t} = \gamma_0 + \gamma_1 Fintech_{i,t} + \gamma_2 SDLA + \gamma_3 Fintech_{i,t} \times SDLA_{i,t} + \gamma_4 Controls_{i,t} + YearFE + FirmFE + \varepsilon_{i,t} \quad 式（9-3）$$

其中，下标 i 和 t 表示企业 i 和第 t 年，*Performance* 为企业财务业绩，本章采用总资产回报率（*ROA*）进行衡量。由于 *ROA* 是式（9－1）的控制变量之一，因此当被解释变量为 *ROA* 时，在式（9－3）中的控制变量将 *ROA* 剔除，其余变量定义与式（9－1）相同。$Fintech \times SDLA$ 的系数 γ_3 为本章关注的系数，表示非银行金融科技发展抑制企业短债长用对企业财务业绩的影响。如果 γ_3 显著为正，则说明非银行金融科技发展通过抑制企业短债长用，促进了企业业绩的提升。

表 9－17 报告了非银行金融科技通过抑制企业短债长用进而影响企业财务业绩的回归结果。第（1）列结果显示，$Fintech \times SDLA$ 的系数为 0.012，且在 1% 的统计水平上显著为正。在第（1）列的基础上，本章将被解释变量滞后一期后重新进行回归，结果如表 9－17 第（2）列所示。回归结果显示，$Fintech \times SDLA$ 的系数仍然显著为正。综合来看，非银行金融科技通过抑制企业短债长用促进了企业业绩的提升，并且这一效果具有持续性。

二、金融科技抑制企业短债长用对破产风险的影响

为检验非银行金融科技发展抑制企业短债长用会对企业破产风险产

表 9 - 17　　　　　　**基于财务业绩的经济后果检验**

变量	(1)	(2)
	ROA_t	ROA_{t+1}
Fintech × SDLA	0.012***	0.007*
	(3.16)	(1.79)
SDLA	-0.079***	-0.059***
	(-4.05)	(-2.76)
Fintech	0.013	0.026**
	(1.19)	(2.27)
Constant	-0.449***	0.295***
	(-8.15)	(4.76)
Controls	是	是
Year FE	是	是
Firm FE	是	是
观测值	27793	23639
Adj R^2	0.245	0.097

注：括号内报告的是 t 值；*、**、*** 分别代表在 10%、5% 和 1% 水平上显著，标准误在企业层面进行了 cluster 处理。

生什么影响，本章构建实证模型进行检验，见式（9-4）：

$$Risk_{i,t} = \mu_0 + \mu_1 Fintech_{i,t} + \mu_2 SDLA + \mu_3 Fintech_{i,t} \times SDLA_{i,t} + \mu_4 Controls_{i,t} + YearFE + FirmFE + \varepsilon_{i,t} \quad 式（9-4）$$

其中，下标 i 和 t 表示企业 i 和第 t 年，*Risk* 为企业破产风险，本章参考 Ohlson（1980）的研究构建 *ZScore* 指标度量企业破产风险①，其余变量定义与式（9-1）相同。*Fintech × SDLA* 的系数 μ_3 为本章关注的系数，表示非银行金融科技发展抑制企业短债长用对企业破产风险的影响。如果 μ_3 显著为负，则说明非银行金融科技发展通过抑制企业短债长用，降低了企业破产风险。

表 9-18 报告了非银行金融科技通过抑制企业短债长用进而影响企业破产风险的回归结果。第（1）列结果显示，*Fintech × SDLA* 的系数为

① *ZScore* = -1.32 - 0.407 × 企业规模 + 6.03 × 总负债/总资产 - 1.43 × 营运资金/总资产 + 0.0757 × 流动负债/流动资产 - 2.37 × 净利润/总资产 - 1.83 × 经营性净现金流/总负债 + 0.285 ×（过去两年净利润均为负数则为 1，否则为 0） - 1.72 ×（如果总负债大于总资产为 1，否则为 0） - 0.521 ×（当年净利润 - 上年净利润）/（|当年净利润| + |上年净利润|）。由于该指标是反向指标，这里做了相反数处理，处理后，*ZScore* 越大，破产风险越高。

-1.485，且在1%的统计水平上显著为负。在第（1）列的基础上，本章将被解释变量滞后一期后重新进行回归，结果如表9-18第（2）列所示。回归结果显示，*Fintech* × *SDLA* 的系数仍然显著为负。综合来看，非银行金融科技通过抑制企业短债长用降低了企业破产风险，并且这一效果具有持续性。

表9-18　　　　　　　基于破产风险的经济后果检验

变量	(1)	(2)
	$ZScore_t$	$ZScore_{t+1}$
Fintech × *SDLA*	-1.485***	-0.701*
	(-3.03)	(-1.80)
SDLA	10.230***	5.734***
	(3.93)	(2.77)
Fintech	1.633	-1.547
	(1.40)	(-1.52)
Constant	-1.485***	-0.701*
	(-3.03)	(-1.80)
Controls	是	是
Year FE	是	是
Firm FE	是	是
观测值	27291	23224
Adj R^2	0.311	0.195

注：括号内报告的是t值；*、**、***分别代表在10%、5%和1%水平上显著，标准误在企业层面进行了cluster处理。

第八节　本章小结

破解企业短债长用难题是合理匹配投融资期限结构，控制系统性金融风险的关键，对实现经济高质量发展具有重要意义。本章基于2011—2020年中国A股上市公司数据，实证检验了非银行金融科技发展对企业短债长用的影响。结果显示，非银行金融科技发展水平越高，对企业短债长用的抑制作用越强。机制检验表明，非银行金融科技通过优化企业债务期限结构、提高银行业竞争水平、降低信息不对称程度，进而抑制企业短债长用。异质性分析发现，非银行金融科技对企业短债长用的抑制作用在非国有企业、初创期企业、CEO 没有金融背景的企业以及市场化水平较高的地区企业中更显著。此外，本章进一步探讨了非银行金融科技发展对企业短债长用影响的经济后果。结果显示，非银行金融科技发展通过抑制企业短债长用，有利于提高企业财务业绩，降低企业破产风险。上述研究结论有助于深入发掘金融科技对金融市场信贷资源配置的作用效果，从而为降低企业短债长用，防范金融风险提供理论依据。

第十章　研究结论与政策启示

本书对经济高质量发展背景下金融科技对信贷资源配置的影响进行了系统的研究，并基于我国非金融类 A 股上市公司数据，对金融科技与民营企业融资约束、金融科技与僵尸企业治理、金融科技与企业去杠杆、金融科技与企业“脱虚向实”、金融科技与企业银行借款、金融科技与企业短债长用的关系进行了实证检验。接下来，本章对全书进行总结，具体包括如下内容：研究结论、政策启示、尚存的不足以及未来的研究方向。

第一节　研究结论

改革开放以来，我国经济取得了数十年的高速增长，但是，中国经济增长主要依赖人口红利等低成本优势和资源的高投入，这种粗放型增长模式带来的环境污染、增长不可持续性等问题日益突出。党的二十大报告提出“高质量发展是全面建设社会主义现代化国家的首要任务”“要坚持以推动高质量发展为主题，把实施扩大内需战略同深化供给侧结构性改革有机结合起来，增强国内大循环内生动力和可靠性，提升国际循环质量和水平，加快建设现代化经济体系，着力提高全要素生产率，着力提升产业链供应链韧性和安全水平，着力推进城乡融合和区域协调发展，推动经济实现质的有效提升和量的合理增长”。因此，如何推动经济高质量发展是需要研究的重要问题。企业是市场经济的重要主体之一，企业高质量发展关系着经济高质量发展的实现，而企业高质量发展需要外部信贷资源的支持。较低的信贷资源配置效率成为制约中国经济高质量发展的主要因素，探讨改善信贷资源配置的有效途径不仅是学术界需要研究的重要问题，也是缓解企业间信贷资源错配现状，强化金融体系服务实体经济功能，实现经济高质量发展的关键举措。

本书结合我国转型期的制度背景特征，参考国内外相关研究成果，考察了金融科技对信贷资源配置的影响，以期寻求提升信贷资源配置效率的对策。具体来说，本书考察了金融科技对企业去杠杆的影响、金融科技对僵尸企业的影响、金融科技对民营企业融资约束的影响、金融科技对企业银行借款的影响等，研究发现：（1）金融科技能够显著缓解民营企业融资约束。进一步研究发现，我国金融科技对民营企业融资约束的影响，在东部地区企业、规模较小企业和年龄较小企业中更为显著；（2）金融科技能够抑制僵尸企业形成，并且这种抑制作用对国有僵尸企业和银行业竞争激烈地区的僵尸企业更显著。机制检验表明，金融科技通过降低政府干预金融资源配置的能力、缓解金融机构与企业之间信息不对称，进而发挥对僵尸企业形成的抑制作用。进一步，本书研究表明，金融科技抑制僵尸企业具有明显的溢出效应，可以有效缓解正常企业融资约束；（3）金融科技能够显著地促进企业去杠杆。而且，上述促进效应在东部地区企业、国有企业和大型企业中更显著，且这种效应体现在企业短期杠杆率的显著下降。作用机制研究发现，金融科技通过提高企业信息透明度、抑制管理层机会主义行为，进而促使企业进行自身杠杆水平的调整，降低企业杠杆率。进一步研究发现，金融科技在合理的金融监管约束下更有助于发挥去杠杆作用；（4）金融科技有助于遏制企业金融化的趋势，推动企业向实体经济发展。在机制检验方面，本书发现信息不对称、代理成本和融资约束是金融科技引导企业“脱虚向实”的重要因素。通过异质性分析，本书发现金融科技对于处于信贷劣势、竞争激烈的行业以及市场化水平较低地区的企业“脱虚向实”具有更为显著的影响力。进一步研究显示，金融科技有助于抑制企业对投机型金融资产的投资倾向，而对于保值型金融资产的影响较为有限；（5）金融科技有助于企业获得更多银行借款，并且这种促进效应主要体现在长期借款以及信用借款上。研究表明，金融科技对企业银行借款的影响主要体现在中小企业、固定资产占比较低的企业以及非僵尸企业中。本书进一步从信息不对称层面探讨了金融科技影响企业银行借款的作用机制，机制检验结果表明，金融科技发展能够通过缓解企业与银行间的信息不对称程度来提高企业银行借款的可获得性；（6）金融科技的发展有利于抑制企业短债长用。研究发现，优化债务期限结构、促进银行业竞争和缓解信息不对称是金融科技对企业短债长用影响的路径机制。异质性分析表明，金融科技对非国有企业、CEO 不具备金融背景的企业以及市场化水平较高地区的企业具有更强的影响力。进一步研究发现，金融科技抑制企业短债长用后有利于提高企业财务业绩，降低企业破产风险。本书丰富了金融科技对信贷资源配置影响的理论研究，为金融科技与企业财务管理领域提供了新的视角和思路，也为企业提供了有效的信贷资源管理路径。

第二节　政策启示

基于本书的研究发现，本书认为金融科技有利于打破金融领域垄断，倒逼传统金融行业转型升级。金融改革应重视金融科技的发展，以及促进金融科技与传统信贷业务的融合，支持利用大数据、人工智能、云计算、区块链等技术突破原有业务局限，优化银行信贷结构，增强市场机制在信贷资源配置中的主导作用。

具体来说，本书得到如下政策启示：

（1）本书研究发现金融科技降低了企业的杠杆率。这表明金融科技既能缓解企业融资约束，弱化企业财务风险，促进经济增长，又能降低实体经济的债务风险，因此，金融科技对促进企业去杠杆和防范化解系统性金融风险具有重要的作用。金融科技在常规金融服务范畴外为企业提供了新的融资渠道和金融服务，以数字科技赋能传统金融，创新融资方式，在信贷全流程释放能量，能够有效减轻信息不对称和代理冲突问题，增强企业经营实力，增加企业内部盈余积累，减少对外部资金的需求和依赖，最终降低企业的杠杆率。因此，政府应建立健全相关制度体系，强化地区间金融资本流动，使金融科技的发展模式与地区经济社会发展程度相匹配，继续推动金融科技发展，使金融科技能够更好地服务实体经济。此外，金融科技对不同异质性特征企业的去杠杆效应存在显著差异。因此，应进一步建立健全金融科技的基础设施，积极推进市场化进程，并增强金融科技服务金融弱势群体的能力，鼓励数字金融机构与金融弱势群体精准对接，提升整体的金融资源配置效率。与此同时，金融科技在较强的金融监管下有助于发挥对企业去杠杆的驱动效应。因此，相关管理部门也应加强对金融科技的监管，规范银行等金融机构的资金流向，使金融科技能够真正发挥“金融服务实体经济”的功能，更好地发挥金融科技的去杠杆驱动作用。

（2）僵尸企业价值创造能力有限，却消耗着大量的资源，严重制约了其他正常企业的发展。对僵尸企业形成的内在逻辑分析发现，政府干预与金融资源配置是导致企业僵尸化的关键要素。因此，政府应加强对信贷资源流向的监管，努力推进利率市场化，减少要素流动的体制障碍，化解因资源错配导致的金融系统性风险，完善供给侧结构性改革中的制度安排。僵尸企业出清不仅要依赖市场化的金融科技，同时也需要政府部门的积极努力。地方政府应落实“发挥市场在资源配置中的决定性作用”的大政方针，自觉削弱僵尸企业的政治属性，加快缩小僵尸企业与其他正常企业在资源获取上的地位差距，优化信贷资源配置，促进行业公平竞争。

（3）金融科技在常规金融服务范畴外为民营企业提供了新的融资渠道和金融服务，以金融科技赋能传统信贷，创新融资方式，在信贷全流程释放能量，能够有效缓解信息不对称问题，减弱银行等金融机构授信过程中对抵押物的过度依赖，缓解企业融资约束，从而增强民营企业融资的能力。因此，未来我们应建立健全相关制度体系，继续推动金融科技发展；此外，应积极引导和促进金融科技服务于中西部、小规模和初创期企业，应进一步提高金融科技的服务覆盖率与可得性，改善民营企业融资环境，促进金融科技资源进一步向经济不发达地区、小规模和年轻的民营企业倾斜，激发民营企业的竞争活力，增加民营企业的价值，助力民营企业进一步健康可持续发展。

（4）金融科技对企业短债长用有着积极的影响，可通过优化债务结构、促进银行竞争和解决信息不对称等机制来帮助企业降低短期债务风险。这为企业提供了借助金融科技工具改善财务状况的可能性，推动企业在资金管理方面更加高效和灵活。因此，企业可以结合金融科技工具，加强风险管理和财务规划，以更好地实现可持续发展。对政府部门而言，政府应该积极支持和推动金融科技的发展，为金融科技企业创造良好的发展环境，促进其在优化企业债务结构、降低短期债务风险等方面发挥作用。同时，政府也应建立相关监管政策，确保金融科技应用的合规性和风险控制，平衡金融科技发展与金融稳定之间的关系。通过提供金融科技应用的咨询指导、培训支持以及金融科技相关政策激励等方式，帮助企业更好地应用金融科技工具，优化债务管理，提升财务业绩，降低破产风险，推动经济高质量发展。

（5）本书的研究结论对于我国银行业改革发展和应对企业融资问题具有重要的政策启示。金融科技在引导信贷资金进入实体企业以及优化信贷资源配置的过程中确实发挥了积极作用，银行应用金融科技后服务经济社会发展的能力得到显著提高。因此，应继续加大金融科技等金融基础设施建设的重视程度，加强银行等金融机构应用金融科技的能力，加快传统金融机构利用金融科技进行数字化转型的进程，进而以金融科技为突破口，缓解我国信贷资源配置中的结构性问题，有效解决经济高质量发展中的企业融资问题，实现金融的普惠，从而助力经济高质量发展。与此同时，应防止金融科技市场的资本无序扩张和垄断倾向。金融与科技的深层次融合在助推金融普惠发展的同时，也带来了新问题，在我国金融科技市场快速扩容的背景下，市场集中趋势日趋显著。基于产业组织理论，金融科技市场份额和势力集中会对市场竞争行为产生影响，进而影响对企业的金融服务。2020 年中央经济工作会议明确将“强化反垄断和防止资本无序扩张”作为 2021 年经济工作的重点任务，只有在公平竞争的环境下金融科技才能稳步向好发展。因此，我们应积极出台相关政策保证金融科技合理发展，将金融科技在提供金融服务方面的选择性效应降到最低。

第三节　不足之处与未来研究方向

本书采用较为科学的研究方法，对经济高质量发展背景下金融科技与信贷资源配置关系进行了研究，得到了一些具有理论意义和实践价值的结论。但是仍存在不足之处：

首先，本书关注了金融科技对部分信贷资源配置的影响，并进行了理论分析和实证检验。但是，信贷资源配置是一个系统性的课题，未来，对金融科技与信贷资源配置关系的研究，应综合考虑系统性的因素，进行全方位的研究。

其次，样本来源。本书在研究过程中，样本仅为我国非金融类 A 股上市公司。上市公司与非上市公司是否存在差异，仍有待进一步考察。

最后，关于金融科技的衡量。本书借鉴已有研究方法对金融科技进行了度量。但是，金融科技的使用程度，每个行业、每个企业都会存在一定的差异，因此，未来研究应从这些差异入手，以便更为准确地判断金融科技的使用程度。

参考文献

安强身，胡金焱，姜占英，2017. 民间金融互联网化：现实观照与理论思考［J］. 经济学家（10）：86－95.

巴曙松，白海峰，胡文韬，2020. 金融科技创新、企业全要素生产率与经济增长——基于新结构经济学视角［J］. 财经问题研究（01）：46－53.

巴曙松，王紫宇，2021. 金融科技背景下金融结构改善与实体经济增长——基于金融发展规模的中介效应［J］. 湖北经济学院学报（01）：43－52＋126.

白钦先，1998. 建立面向21世纪的金融可持续发展观［J］. 城市金融论坛（08）：2－10.

白云霞，邱穆青，李伟，2016. 投融资期限错配及其制度解释——来自中美两国金融市场的比较［J］. 中国工业经济（07）：23－39.

曹伟，赵璨，杨德明，2022. 夸大其词的“互联网＋”信息披露能够影响银行信贷决策吗［J］. 财贸经济（02）：83－97.

曹源芳，袁秀文，籍生亮，2018. 互联网金融对资本市场风险跨期时变的溢出效应研究——以余额宝为例［J］. 经济问题（10）：47－51.

陈池波，龚政，2021. 数字普惠金融能缓解农村家庭金融脆弱性吗?［J］. 中南财经政法大学学报（04）：132－143.

陈春华，曹伟，曹雅楠，等，2021. 数字金融发展与企业“脱虚向实”［J］. 财经研究（09）：78－92.

陈耿，刘星，辛清泉，2015. 信贷歧视、金融发展与民营企业银行借款期限结构［J］. 会计研究（04）：40－46＋95.

程六兵，叶凡，刘峰，2017. 资本市场管制与企业资本结构［J］. 中国工业经济（11）：155－173.

褚蓬瑜，郭田勇，2014. 互联网金融与商业银行演进研究［J］. 宏观经济研究（05）：19－28.

崔海燕，2016. 互联网金融对中国居民消费的影响研究［J］. 经济问题探索（01）：162－166.

崔耕瑞，2021. 数字金融能否提升中国经济韧性［J］. 山西财经大学学报（12）：29－41.

戴国强，方鹏飞，2014. 利率市场化与银行风险——基于影子银行与互联网金融视角的研究［J］，金融论坛（08）：13－19.

邓路，刘瑞琪，廖明情，2016. 宏观环境、所有制与公司超额银行借款［J］. 管理世界（09）：149－160.

丁娜，金婧，田轩，2020. 金融科技与分析师市场［J］. 经济研究（09）：74－89.

杜勇，谢瑾，陈建英，2019. CEO 金融背景与实体企业金融化［J］. 中国工业经济（05）：136－154.

范子英，王倩，2019. 转移支付的公共池效应、补贴与僵尸企业［J］. 世界经济（07）：120－144.

方芳，蔡卫星，2016. 银行业竞争与企业成长：来自工业企业的经验证据［J］. 管理世界（07）：63－75.

方兴，2018. 互利共赢还是以邻为壑——"明星"众筹项目的外部性研究［J］. 财贸经济，39（05）：88－102.

房宏琳，杨思莹，2021. 金融科技创新与城市环境污染［J］. 经济学动态（08）：116－130.

冯用富，董艳，袁泽波，等，2009. 基于 R^2 的中国股市私有信息套利分析［J］. 经济研究（08）：50－59＋98.

傅秋子，黄益平，2018. 数字金融对农村金融需求的异质性影响——来自中国家庭金融调查与北京大学数字普惠金融指数的证据［J］. 金融研究（11）：68－84.

傅勇，张晏，2007. 中国式分权与财政支出结构偏向：为增长而竞争的代价［J］. 管理世界（03）：4－12＋22.

龚晓叶，李颖，2020. 金融科技对普惠金融"悖论"的影响——基于中国银行业风险承担水平的证据［J］. 证券市场导报（09）：33－43.

苟琴，黄益平，2014. 我国信贷配给决定因素分析——来自企业层面的证据［J］. 金融研究（08）：1－17.

顾海峰，杨立翔，2018. 互联网金融与银行风险承担：基于中国银行业的证据［J］. 世界经济（10）：75－100.

顾雷雷，郭建鸾，王鸿宇，2020. 企业社会责任、融资约束与企业金融化［J］. 金融研究（02）：109－127.

管考磊，钟梅花，2021. 分析师意见分歧与银行信贷决策——来自中国上市公司的经验证据［J］. 证券市场导报（03）：23－31＋37.

郭飞，马睿，谢香兵，2022. 产业政策、营商环境与企业脱虚向实——基于国家五年规划的经验证据［J］. 财经研究（02）：33－46＋62.

郭峰，孔涛，王靖一，2017. 互联网金融空间集聚效应分析——来自互联网金融发展指数的证据［J］. 国际金融研究（08）：75－85.

郭峰，王靖一，王芳，等，2020. 测度中国数字普惠金融发展：指数编制与空间特征［J］. 经济学（季刊）（04）：1401－1418.

郭品，沈悦，2019. 互联网金融、存款竞争与银行风险承担［J］. 金融研究（08）：58－76.

郭品，沈悦，2015. 互联网金融对商业银行风险承担的影响：理论解读与实证检验［J］. 财贸经济（10）：102－116.

何欢浪，铁瑛，刘啟仁，2019. 中国的银行管制放松促进了资源优化配置吗？［J］. 财经研究（04）：83－95.

何启志，彭明生，2016. 基于互联网金融的网贷利率特征研究［J］. 金融研究（10）：95－110.

何贤杰，朱红军，陈信元，2008. 政府的多重利益驱动与银行的信贷行为［J］. 金融研究（06）：1－20.

胡滨，2022. 金融科技、监管沙盒与体制创新：不完全契约视角［J］. 经济研究（06）：137－153.

胡俊，李强，刘颖琛，等，2021. 商业银行金融科技对零售贷款的影响——基于年报的文本分析［J］. 管理评论（11）：298－311.

胡奕明，王雪婷，张瑾，2017. 金融资产配置动机："蓄水池"或"替代"？——来自中国上市公司的证据［J］. 经济研究（01）：181－194.

胡援成，刘明艳，2011. 中国上市公司债务期限结构影响因素：面板数据分析［J］. 管理世界（02）：175－177.

黄浩，2018. 数字金融生态系统的形成与挑战——来自中国的经验［J］. 经济学家（04）：80－85.

黄锐，黄剑，2016. 互联网金融影响银行绩效吗？——基于98家商业银行的面板数据［J］. 南方金融（01）：55－60.

黄锐，赖晓冰，唐松，2020. 金融科技如何影响企业融资约束？——动态效应、异质性特征与宏微观机制检验［J］. 国际金融研究（06）：

25－33.
黄少卿，陈彦，2017. 中国僵尸企业的分布特征与分类处置［J］. 中国工业经济（03）：24－43.
黄益平，黄卓，2018. 中国的数字金融发展：现在与未来［J］. 经济学（季刊）（04）：1489－1502.
纪洋，王旭，谭语嫣，等，2018. 经济政策不确定性、政府隐性担保与企业杠杆率分化［J］. 经济学（季刊）（02）：449－470.
纪志宏，周黎安，王鹏，等，2014. 地方官员晋升激励与银行信贷——来自中国城市商业银行的经验证据［J］. 金融研究（01）：1－15.
贾盾，韩昊哲，2023. 金融科技与商业银行竞争性负债［J］. 世界经济（02）：183－208.
江红莉，蒋鹏程，2021. 数字金融能提升企业全要素生产率吗？——来自中国上市公司的经验证据［J］. 上海财经大学学报（03）：3－18.
姜付秀，蔡文婧，蔡欣妮，等，2019. 银行竞争的微观效应：来自融资约束的经验证据［J］. 经济研究（06）：72－88.
姜付秀，黄继承，2011. 市场化进程与资本结构动态调整［J］. 管理世界（03）：124－134＋167.
姜付秀，屈耀辉，陆正飞，等，2008. 产品市场竞争与资本结构动态调整［J］. 经济研究（04）：99－110.
姜国华，岳衡，2005. 大股东占用上市公司资金与上市公司股票回报率关系的研究［J］. 管理世界（09）：119－126.
姜海燕，吴长凤，2016. 智能投顾的发展现状及监管建议［J］. 证券市场导报（12）：4－10.
蒋东生，2012. 谁获得了长期贷款？［J］. 管理世界（07）：167－169.
蒋灵多，陆毅，2018. 市场竞争加剧是否助推国有企业加杠杆［J］. 中国工业经济（11）：155－173.
解维敏，吴浩，冯彦杰，2021. 数字金融是否缓解了民营企业融资约束？［J］. 系统工程理论与实践（12）：3129－3146.
解维敏，2018. “脱虚向实”与建设创新型国家：践行十九大报告精神［J］. 世界经济（08）：3－25.
金洪飞，李弘基，刘音露，2020. 金融科技、银行风险与市场挤出效应［J］. 财经研究（05）：52－65.
孔杏，2018. 新常态下互联网金融发展与城乡收入差距动态关系研究

[J]. 经济与管理 (02): 58 - 62 + 92.

赖黎, 唐芸茜, 夏晓兰, 等, 2019. 董事高管责任保险降低了企业风险吗? ——基于短贷长投和信贷获取的视角 [J]. 管理世界 (10): 160 - 171.

李春涛, 闫续文, 宋敏, 等, 2020. 金融科技与企业创新——新三板上市公司的证据 [J]. 中国工业经济 (01): 81 - 98.

李红, 谢娟娟, 2018. 金融发展、企业融资约束与投资效率——基于2002—2013年上市企业面板数据的经验研究 [J]. 南开经济研究 (04): 36 - 52.

李继尊, 2015. 关于互联网金融的思考 [J]. 管理世界 (07): 1 - 7 + 16.

李建军, 姜世超, 2021. 银行金融科技与普惠金融的商业可持续性——财务增进效应的微观证据 [J]. 经济学 (季刊) (03): 889 - 908.

李克穆, 2016. 互联网金融的创新与风险 [J]. 管理世界 (02): 1 - 2.

李敏, 2015. 互联网金融对金融生态体系的影响与对策研究 [J]. 上海金融 (12): 48 - 51.

李青原, 王红建, 2013. 货币政策、资产可抵押性、现金流与公司投资——来自中国制造业上市公司的经验证据 [J]. 金融研究 (06): 31 - 45.

李睿, 2021. 金融科技是否推动了我国产业结构优化——基于空间效应和门槛效应的分析 [J]. 经济与管理 (05): 53 - 62.

李文红, 蒋则沈, 2017. 金融科技 (FinTech) 发展与监管: 一个监管者的视角 [J]. 金融监管研究 (03): 1 - 13.

李扬, 2014. 完善金融的资源配置功能——十八届三中全会中的金融改革议题 [J]. 经济研究 (01): 8 - 11.

李杨, 程斌琪, 2018. "一带一路" 倡议下的金融科技合作体系构建与金融外交升级 [J]. 清华大学学报 (哲学社会科学版) (05): 113 - 125 + 197 - 198.

李逸飞, 李茂林, 李静, 2022. 银行金融科技、信贷配置与企业短债长用 [J]. 中国工业经济 (10): 137 - 154.

李有星, 王琳, 2019. 金融科技监管的合作治理路径 [J]. 浙江大学学报 (人文社会科学版) (01): 214 - 226.

李增福, 陈嘉滢, 2023. 企业ESG表现与短债长用 [J]. 数量经济技术经济研究（12）：152 – 171.

李增福，陈俊杰，连玉君，等，2022. 经济政策不确定性与企业短债长用［J］. 管理世界（01）：77 – 89 + 143 + 90 – 101.

李真，李茂林，朱林染，2023. 银行金融科技与企业金融化：基于避险与逐利动机［J］. 世界经济（04）：140 – 169.

梁琦，林爱杰，2020. 数字金融对小微企业融资约束与杠杆率的影响研究［J］. 中山大学学报（社会科学版）（06）：191 – 202.

廖理，李梦然，王正位，2014. 中国互联网金融的地域歧视研究［J］. 数量经济技术经济研究（05）：54 – 70.

林爱杰，梁琦，傅国华，2021. 数字金融发展与企业去杠杆［J］. 管理科学（01）：142 – 158.

林毅夫，孙希芳，2008. 银行业结构与经济增长［J］. 经济研究（09）：31 – 45.

凌润泽，李彬，潘爱玲，等，2023. 供应链金融与企业债务期限选择［J］. 经济研究（10）：93 – 113.

刘程，2022. 数字金融与银行贷款合约——基于我国上市公司微观银行贷款数据的实证研究［J］. 产业经济评论（01）：152 – 170.

刘冲，曾琪，刘莉亚，2023. 金融强监管、存贷长期化与企业短债长用［J］. 经济研究（10）：75 – 92.

刘贯春，程飞阳，姚守宇，等，2022. 地方政府债务治理与企业投融资期限错配改善［J］. 管理世界（11）：71 – 89.

刘贯春，刘媛媛，张军，2019. 金融资产配置与中国上市公司的投资波动［J］. 经济学（季刊）（02）：573 – 596.

刘贯春，叶永卫，2022. 经济政策不确定性与实体企业“短贷长投”［J］. 统计研究（03）：69 – 82.

刘剑民，张莉莉，杨晓璇，2019. 政府补助、管理层权力与国有企业高管超额薪酬［J］. 会计研究（08）：64 – 70.

刘澜飚，齐炎龙，张靖佳，2016. 互联网金融对货币政策有效性的影响——基于微观银行学框架的经济学分析［J］. 财贸经济（01）：61 – 73.

刘澜飚，沈鑫，郭步超，2013. 互联网金融发展及其对传统金融模式的影响探讨［J］. 经济学动态（08）：73 – 83.

刘莉亚，刘冲，陈垠帆，等，2019. 僵尸企业与货币政策降杠杆［J］. 经济研究（09）：73 – 89.

刘鹏，何冬梅，2021. 杠杆率、信贷配置失衡与僵尸企业的形成

[J]. 现代财经（天津财经大学学报）(01): 18-32.

刘笑彤，杨德勇，2017. 互联网金融背景下商业银行并购重组选择差异的效率研究——基于商业银行异质性的Malmquist指数实证分析[J]. 国际金融研究 (10): 65-75.

刘秀玲，2009. 上市公司成长性与规模、上市年龄关系研究——基于福建省上市公司面板数据[J]. 福州大学学报（哲学社会科学版）(03): 43-47.

刘元春，李楠，2018. 后危机时代中国金融条件指数的构建[J]. 经济理论与经济管理 (01): 46-60.

刘园，郑忱阳，江萍，等，2018. 金融科技有助于提高实体经济的投资效率吗?[J]. 首都经济贸易大学学报 (06): 22-33.

刘忠璐，林章悦，2016. 互联网金融对商业银行盈利的影响研究[J]. 北京社会科学 (09): 61-72.

刘忠璐，2016. 互联网金融对商业银行风险承担的影响研究[J]. 财贸经济 (04): 71-85+115.

逯东，江沐子，2021. 银行竞争与僵尸企业去杠杆[J]. 经济理论与经济管理 (10): 50-64.

卢峰，姚洋，2004. 金融压抑下的法治、金融发展和经济增长[J]. 中国社会科学 (01): 42-55+206.

卢树立，何振，2019. 金融市场扭曲对僵尸企业形成的影响——基于微观企业数据的实证研究[J]. 国际金融研究 (09): 87-96.

陆晓明，2014. 中美影子银行系统比较分析和启示[J]. 国际金融研究 (01): 55-63.

陆正飞，辛宇，1998. 上市公司资本结构主要影响因素之实证研究[J]. 会计研究 (08): 3-5.

罗进辉，2012. 媒体报道的公司治理作用——双重代理成本视角[J]. 金融研究 (10): 153-166.

罗进辉，2018. 媒体报道与高管薪酬契约有效性[J]. 金融研究 (03): 190-206.

马红，侯贵生，王元月，2018. 产融结合与我国企业投融资期限错配——基于上市公司经验数据的实证研究[J]. 南开管理评论 (03): 46-53.

马建堂，董小君，时红秀，等，2016. 中国的杠杆率与系统性金融风险防范[J]. 财贸经济 (01): 5-21.

马连福，杜善重，2021. 数字金融能提升企业风险承担水平吗［J］. 经济学家（05）：65 –74.

马文涛，董松柯，贾鹏飞，等，2023. 国有企业监管体制的去杠杆效应——来自国有企业隶属关系变更的理论逻辑与经验证据［J］. 财经研究（04）：4 –19.

马新啸，窦笑晨，2022. 非国有股东治理与国有企业杠杆操纵［J］. 中南财经政法大学学报（03）：45 –59.

满媛媛，2016. 收入多元化、金融自由化对商业银行绩效和风险的影响［J］. 宏观经济研究（01）：130 –143.

孟娜娜，粟勤，雷海波，2020. 金融科技如何影响银行业竞争［J］. 财贸经济（03）：66 –79.

孟娜娜，粟勤，2020. 挤出效应还是鲶鱼效应：金融科技对传统普惠金融影响研究［J］. 现代财经（天津财经大学学报）（01）：56 –70.

孟宪春，张屹山，李天宇，2018. 有效调控房地产市场的最优宏观审慎政策与经济“脱虚向实”［J］. 中国工业经济（06）：81 –97.

闵峰，吴宝辉，文凤华，2023. 股权溢价的驱动因素和传导机制研究：基于中国股票市场的证据［J］. 系统工程理论与实践（04）：1044 –1067.

牟卫卫，刘克富，2021. 金融科技发展能抑制公司违规吗［J］. 山西财经大学学报（09）：29 –43.

聂辉华，江艇，张雨潇，等，2016. 我国僵尸企业的现状、原因与对策［J］. 宏观经济管理（09）：63 –68 +88.

聂秀华，江萍，郑晓佳，等，2021. 数字金融与区域技术创新水平研究［J］. 金融研究（03）：132 –150.

潘越，戴亦一，林超群，2011. 信息不透明、分析师关注与个股暴跌风险［J］. 金融研究（09）：138 –151.

潘越，林淑萍，张鹏东，等，2021. 语言将来时态标记特征与公司股利政策——基于投资者语言认知效应的跨国研究［J］. 经济研究（07）：127 –143.

潘越，宁博，纪翔阁，等，2019. 民营资本的宗族烙印：来自融资约束视角的证据［J］. 经济研究（07）：94 –110.

潘长春，李晓，2018. M2 指标失效与货币政策转型——基于货币创造渠道结构分解的视角［J］. 经济学家（02）：28 –35.

彭红枫，米雁翔，2017. 信息不对称、信号质量与股权众筹融资绩效

[J]. 财贸经济 (05): 80-95.

彭俞超，韩珣，李建军，2018. 经济政策不确定性与企业金融化 [J]. 中国工业经济 (01): 137-155.

彭俞超，马思超，2022. 非银行金融科技与上市公司借贷成本——竞争压力还是信息溢出？[J]. 金融研究 (12): 93-111.

彭俞超，倪骁然，沈吉，2018. 企业“脱实向虚”与金融市场稳定——基于股价崩盘风险的视角 [J]. 经济研究 (10): 50-66.

皮天雷，刘垚森，吴鸿燕，2018. 金融科技：内涵、逻辑与风险监管 [J]. 财经科学 (09): 16-25.

邱晗，黄益平，纪洋，2018. 金融科技对传统银行行为的影响——基于互联网理财的视角 [J]. 金融研究 (11): 17-29.

屈文洲，谢雅璐，叶玉妹，2011. 信息不对称、融资约束与投资-现金流敏感性——基于市场微观结构理论的实证研究 [J]. 经济研究 (06): 105-117.

饶静，万良勇，2018. 政府补助、异质性与僵尸企业形成——基于 A 股上市公司的经验证据 [J]. 会计研究 (03): 3-11.

任飞，罗靖怡，陈张杭健，等，2020. 分析师深度研究报告向市场传递的信息含量——基于“新”、“旧”信息的文本分解 [J]. 系统工程理论与实践 (12): 3034-3058.

阮坚，申么，范忠宝，2020. 何以驱动企业债务融资降成本——基于数字金融的效用识别、异质性特征与机制检验 [J]. 金融经济学研究 (01): 32-44.

邵帅，徐俐俐，杨莉莉，2023. 千里“碳缘”一线牵：中国区域碳排放空间关联网络的结构特征与形成机制 [J]. 系统工程理论与实践 (04): 958-983.

邵帅，尹俊雅，王海，等，2021. 资源产业依赖对僵尸企业的诱发效应 [J]. 经济研究 (11): 138-154.

申广军，2016. 比较优势与僵尸企业：基于新结构经济学视角的研究 [J]. 管理世界 (12): 13-24+187.

沈红波，华凌昊，郎宁，2019. 地方国有企业的投融资期限错配：成因与治理 [J]. 财贸经济 (01): 70-82.

沈悦，郭品，2015. 互联网金融、技术溢出与商业银行全要素生产率 [J]. 金融研究 (03): 160-175.

盛明泉，张敏，马黎珺，等，2012. 国有产权、预算软约束与资本结构动态调整［J］. 管理世界（03）：151－157.

盛天翔，范从来，2020. 金融科技、最优银行业市场结构与小微企业信贷供给［J］. 金融研究（06）：114－132.

盛天翔，王宇伟，范从来，2017. 利率工具、银行决策行为与信贷期限结构［J］. 中国工业经济（12）：22－39.

史新鹭，周政宁，2018. 电子支付发展、电子货币替代对货币需求的影响研究［J］. 中央财经大学学报（12）：78－86.

舒长江，胡援成，2019. 信贷错配和商业银行脆弱性特征下的金融加速器效应［J］. 系统工程理论与实践（10）：2512－2522.

四川银监局课题组，王筠权，王国成，等，2013. 互联网金融对商业银行传统业务的影响研究［J］. 西南金融（12）：3－5.

宋科，李振，杨家文，2023. 金融科技与银行行为——基于流动性创造视角［J］. 金融研究（02）：60－77.

宋敏，周鹏，司海涛，2021. 金融科技与企业全要素生产率——“赋能”和信贷配给的视角［J］. 中国工业经济（04）：138－155.

粟芳，邹奕格，熊婧，等，2020. 互联网金融在中国农村地区的渗透差异及约束［J］. 数量经济技术经济研究（10）：3－23.

粟勤，魏星，2017. 金融科技的金融包容效应与创新驱动路径［J］. 理论探索（05）：91－97＋103.

孙国峰，2017. 从 FinTech 到 RegTech［J］. 清华金融评论（05）：93－96.

孙会霞，倪宣明，钱龙，2019. 银行业改革、信贷配置与产业结构升级［J］. 系统工程理论与实践（02）：298－310.

孙旭然，王康仕，王凤荣，2020. 金融科技、竞争与银行信贷结构——基于中小企业融资视角［J］. 山西财经大学学报（06）：59－72.

谭小芬，李源，王可心，2019. 金融结构与非金融企业“去杠杆”［J］. 中国工业经济（02）：23－41.

谭语嫣，谭之博，黄益平，等，2017. 僵尸企业的投资挤出效应：基于中国工业企业的证据［J］. 经济研究（05）：175－188.

谭之博，赵岳，2012. 企业规模与融资来源的实证研究——基于小企业银行融资抑制的视角［J］. 金融研究（03）：166－179.

田秀娟，李睿，杨戈，2021. 金融科技促进实体经济发展的影响——基于金融创新和科技创新双路径的实证分析［J］. 广东社会科学（05）：5－15＋254.

唐松，赖晓冰，黄锐，2019. 金融科技创新如何影响全要素生产率：促进还是抑制？——理论分析框架与区域实践［J］. 中国软科学（07）：134－144.

唐松，伍旭川，祝佳，2020. 数字金融与企业技术创新——结构特征、机制识别与金融监管下的效应差异［J］. 管理世界（05）：52－66＋9.

唐玮，孙春兴，崔也光，2017. 债务期限结构与民营企业研发投资——基于银企关联的视角［J］. 系统工程理论与实践（07）：1780－1792.

陶然，陆曦，苏福兵，等，2009. 地区竞争格局演变下的中国转轨：财政激励和发展模式反思［J］. 经济研究（07）：21－33.

佟爱琴，马惠娴，2019. 卖空的事前威慑、公司治理与高管隐性腐败［J］. 财贸经济（06）：85－100.

万佳彧，周勤，肖义，2020. 数字金融、融资约束与企业创新［J］. 经济评论（01）：71－83.

汪伟，张少辉，2022.《社会保险法》实施是否缓解了企业投融资期限错配［J］. 财贸经济（03）：34－49.

王聪聪，党超，徐峰，等，2018. 互联网金融背景下的金融创新和财富管理研究［J］. 管理世界（12）：168－170.

王达，2018. 论全球金融科技创新的竞争格局与中国创新战略［J］. 国际金融研究（12）：10－20.

王达，2014. 美国互联网金融的发展及中美互联网金融的比较——基于网络经济学视角的研究与思考［J］. 国际金融研究（12）：47－57.

王海，吴梦萱，尹俊雅，2021. 地区金融机构与僵尸企业——基于城商行设立的准自然实验［J］. 统计研究（03）：58－70.

王红建，杨筝，阮刚铭，等，2018. 放松利率管制、过度负债与债务期限结构［J］. 金融研究（02）：100－117.

王红建，张科，李青原，2023. 金融科技的经济稳定器作用：金融加速器理论的视角［J］. 经济研究（12）：4－21.

王靖一，黄益平，2018. 金融科技媒体情绪的刻画与对网贷市场的影响［J］. 经济学（季刊）（04）：1623－1650.

王蕾，陈靖，何婧，2024. 地方金融监管改革与实体企业回归本源——基于地方金融“办升局”的准自然实验［J］. 财经研究（01）：19－33.

王蕾，池国华，2023. 银行内部控制如何影响信贷风险识别能力：来自 A 股上市银行的经验证据［J］．中国软科学（08）：157－174．

王擎，孟世超，2020．中国企业杠杆率周期演变机制探析［J］．中国工业经济（01）：62－80．

王万珺，刘小玄，2018．为什么僵尸企业能够长期生存［J］．中国工业经济（10）：61－79．

王小鲁，胡李鹏，樊纲，2021．中国分省份市场化指数报告［M］．社会科学文献出版社．

王小燕，张俊英，王醒男，2019．金融科技、企业生命周期与技术创新——异质性特征、机制检验与政府监管绩效评估［J］．金融经济学研究（05）：93－108．

王馨，2015．互联网金融助解“长尾”小微企业融资难问题研究［J］．金融研究（09）：128－139．

王修华，赵亚雄，2020．数字金融发展是否存在马太效应？——贫困户与非贫困户的经验比较［J］．金融研究（07）：114－133．

王一江，田国强，2004．不良资产处理、股份制改造与外资战略——中日韩银行业经验比较［J］．经济研究（11）：28－36＋68．

王永钦，董雯，2020．机器人的兴起如何影响中国劳动力市场？——来自制造业上市公司的证据［J］．经济研究（10）：159－175．

王永钦，李蔚，戴芸，2018．僵尸企业如何影响了企业创新？——来自中国工业企业的证据［J］．经济研究（11）：99－114．

王竹泉，谭云霞，宋晓缤，2019．“降杠杆”“稳杠杆”和“加杠杆”的区域定位——传统杠杆率指标修正和基于“双重”杠杆率测度体系确立结构性杠杆率阈值［J］．管理世界（12）：86－103．

王竹泉，王惠，王贞洁，2022．杠杆系列错估与信贷资源错配［J］．财经研究（11）：154－168．

魏昭，宋全云，2016．互联网金融下家庭资产配置［J］．财经科学（07）：52－60．

魏志华，曾爱民，李博，2014．金融生态环境与企业融资约束——基于中国上市公司的实证研究［J］．会计研究（05）：73－80＋95．

吴非，向海凌，刘心怡，2020．数字金融与金融市场稳定——基于股价崩盘风险的视角［J］．经济学家（10）：87－95．

吴晓求，2015．互联网金融：成长的逻辑［J］．财贸经济（02）：5－15．

吴雨，李成顺，李晓，弋代春，2020．数字金融发展对传统私人借贷市场的影响及机制研究［J］. 管理世界（10）：53－64＋138＋65.

吴雨，李晓，李洁，等，2021. 数字金融发展与家庭金融资产组合有效性［J］. 管理世界（07）：92－104＋7.

吴占永，贾志民，2023. 要素市场扭曲是否加剧企业“脱实向虚”？——基于实体企业金融化视角［J］. 投资研究（10）：100－114.

肖泉，方徐兵，李昆，2023. 通往绿色创新之路：金融科技如何影响企业绿色创新［J］. 财经科学（03）：45－58.

肖正，翟胜宝，张静，2022. 引入国有资本能够化解民营企业僵尸化风险吗？——来自中国上市公司的经验证据［J］. 经济管理（02）：1－21.

谢富胜，匡晓璐，2020. 制造业企业扩大金融活动能够提升利润率吗？——以中国 A 股上市制造业企业为例［J］. 管理世界（12）：13－28.

谢里，张斐，2018. “四万亿”经济刺激计划与企业杠杆率——来自中国双套样本数据的经验检验［J］. 财经研究（03）：68－83.

谢平，石午光，2015. 数字加密货币研究：一个文献综述［J］. 金融研究（01）：1－15.

谢平，邹传伟，2012. 互联网金融模式研究［J］. 金融研究（12）：11－22.

谢绚丽，沈艳，张皓星，等，2018. 数字金融能促进创业吗？——来自中国的证据［J］. 经济学（季刊）（04）：1557－1580.

谢雪燕，朱晓阳，2021. 数字金融与中小企业技术创新——来自新三板企业的证据［J］. 国际金融研究（01）：87－96.

谢治春，赵兴庐，刘媛，2018. 金融科技发展与商业银行的数字化战略转型［J］. 中国软科学（08）：184－192.

徐晓萍，李弘基，戈盈凡，2021. 金融科技应用能够促进银行信贷结构调整吗？——基于银行对外合作的准自然实验研究［J］. 财经研究（06）：92－107.

许晓芳，周茜，陆正飞，2020. 过度负债企业去杠杆：程度、持续性及政策效应——来自中国上市公司的证据［J］. 经济研究（08）：89－104.

亚琨，罗福凯，李启佳，2018. 经济政策不确定性、金融资产配置与创新投资［J］. 财贸经济（12）：95－110.

颜廷峰，袁安妮，徐旭初，2019. 互联网金融、政府干预与经济增长质量——基于面板门限回归模型的实证检验［J］. 财政研究（09）：47－61.

杨东，2018. 监管科技：金融科技的监管挑战与维度建构［J］. 中国社会科学（05）：69－91＋205－206.

杨君，肖明月，吕品，2021. 数字普惠金融促进了小微企业技术创新吗？——基于中国小微企业调查（CMES）数据的实证研究［J］. 中南财经政法大学学报（04）：119－131＋160.

杨松，张永亮，2017. 金融科技监管的路径转换与中国选择［J］. 法学（08）：3－14.

杨松令，刘梦伟，张秋月，2021. 中国金融科技发展对资本市场信息效率的影响研究［J］. 数量经济技术经济研究（08）：125－144.

杨望，王姝妤，2019. 金融科技与商业银行风险承担——基于135家商业银行的实证研究［J］. 甘肃金融（04）：16－22.

姚耀军，施丹燕，2017. 互联网金融区域差异化发展的逻辑与检验——路径依赖与政府干预视角［J］. 金融研究（05）：127－142.

伊志宏，杨圣之，陈钦源，2019. 分析师能降低股价同步性吗——基于研究报告文本分析的实证研究［J］. 中国工业经济（01）：156－173.

易纲，2020. 再论中国金融资产结构及政策含义［J］. 经济研究（03）：4－17.

易行健，周利，2018. 数字普惠金融发展是否显著影响了居民消费——来自中国家庭的微观证据［J］. 金融研究（11）：47－67.

殷小丽，2018. 互联网金融对产业结构升级的影响探析［J］. 现代经济探讨（12）：110－114.

尹志超，张号栋，2018. 金融可及性、互联网金融和家庭信贷约束——基于CHFS数据的实证研究［J］. 金融研究（11）：188－206.

于蔚，汪淼军，金祥荣，2012. 政治关联和融资约束：信息效应与资源效应［J］. 经济研究（09）：125－139.

袁淼英，2018. 我国证券智能投顾运营商市场准入制度的构建［J］. 西南政法大学学报（03）：56－64.

战明华，汤颜菲，李帅，2020. 数字金融发展、渠道效应差异和货币政策传导效果［J］. 经济研究（06）：22－38.

战明华，张成瑞，沈娟，2018. 互联网金融发展与货币政策的银行信贷传导［J］. 经济研究（04）：63－76.

思，张步昙，2016. 中国实业投资率下降之谜：经济金融化视角

[J]. 经济研究 (12): 32-46.

张纯，吕伟，2007. 信息披露、市场关注与融资约束 [J]. 会计研究 (11): 32-38.

张栋，谢志华，王靖雯，2016. 中国僵尸企业及其认定——基于钢铁业上市公司的探索性研究 [J]. 中国工业经济 (11): 90-107.

张捷，王霄，2002. 中小企业金融成长周期与融资结构变化 [J]. 世界经济 (09): 63-70.

张金清，李柯乐，张剑宇，2022. 银行金融科技如何影响企业结构性去杠杆? [J]. 财经研究 (01): 64-77.

张李义，涂奔，2017. 互联网金融发展对中国经济增长影响的实证 [J]. 统计与决策 (11): 143-147.

张勋，万广华，张佳佳，等，2019. 数字经济、普惠金融与包容性增长 [J]. 经济研究 (08): 71-86.

张勋，杨桐，汪晨，等，2020. 数字金融发展与居民消费增长：理论与中国实践 [J]. 管理世界 (11): 48-63.

赵驰，周勤，汪建，2012. 信用倾向、融资约束与中小企业成长——基于长三角工业企业的实证 [J]. 中国工业经济 (09): 77-88.

赵涛，张智，梁上坤，2020. 数字经济、创业活跃度与高质量发展——来自中国城市的经验证据 [J]. 管理世界 (10): 65-76.

郑联盛，2014. 中国互联网金融：模式、影响、本质与风险 [J]. 国际经济评论 (05): 103-118+6.

郑志来，2015. 互联网金融对我国商业银行的影响路径——基于“互联网+”对零售业的影响视角 [J]. 财经科学 (05): 34-43.

中国人民大学课题组，吴晓求，2020. “十四五”时期中国金融改革发展监管研究 [J]. 管理世界 (07): 5-15.

钟凯，程小可，张伟华，2016. 货币政策适度水平与企业“短贷长投”之谜 [J]. 管理世界 (03): 87-98+114+188.

钟宁桦，刘志阔，何嘉鑫，等，2016. 我国企业债务的结构性问题 [J]. 经济研究 (07): 102-117.

周光友，罗素梅，连舒婷，2020. 金融科技创新、网贷利率决定与小微企业融资——兼论“麦克米伦缺口”的治理 [J]. 国际金融研究 (03): 76-86.

周光友，罗素梅，2019. 互联网金融资产的多目标投资组合研究 [J]. 金融研究 (10): 135-151.

周光友，施怡波，2015. 互联网金融发展、电子货币替代与预防性货币需求［J］. 金融研究（05）：67 – 82.

周广肃，丁相元，2023. 数字金融、流动性约束与共同富裕——基于代际流动视角［J］. 数量经济技术经济研究（04）：160 – 179.

周黎安，2004. 晋升博弈中政府官员的激励与合作——兼论我国地方保护主义和重复建设问题长期存在的原因［J］. 经济研究（06）：33 – 40.

周天芸，陈铭翔，2021. 数字渗透、金融普惠与家庭财富增长［J］. 财经研究（07）：33 – 47.

周泽将，雷玲，李鼎，2023. 经济周期与企业金融化［J］. 管理科学学报（07）：17 – 31.

周仲飞，李敬伟，2018. 金融科技背景下金融监管范式的转变［J］. 法学研究（05）：3 – 19.

庄雷，2019. 金融科技创新下数字信用共治模式研究［J］. 社会科学（02）：48 – 57.

ABBASI K，ALAM A，DU M A，HUYNH T L D，2021. FinTech，SME efficiency and national culture：Evidence from OECD countries［J］. Technological Forecasting and Social Change，163：120454.

ACHARYA R N，KAGAN A，2004. Community banks and internet commerce［J］. Journal of Internet Commerce，3（1）：23 – 30.

ACHARYA V V，GALE D，YORULMAZER T，2011. Rollover risk and market freezes［J］. The Journal of Finance，66（4）：1177 – 1209.

AGARWAL S，HAUSWALD R，2010. Distance and private information in lending［J］. The Review of Financial Studies，23（7）：2757 – 2788.

ALLEN F，MCANDREWS J，STRAHAN P，2002. E – Finance：An introduction［J］. Journal of Financial Services Research，22（1 – 2）：5 – 27.

ALLEN F，QIAN J，QIAN M，2005. Law，finance，and economic growth in China［J］. Journal of Financial Economics，2005，77（1）：57 – 116.

ALMEIDA H，CAMPELLO M，WEISBACH M，2004. The cash flow sensitivity of cash［J］. The Journal of Finance，59（4）：1777 – 1804.

ALMEIDA H，CAMPELLO M，2007. Financial constraints，asset tangi-ty，and corporate investment［J］. The Review of Financial Studies，20 1429 – 1460.

LIN A H，WOLFE M T，SHORT J C，2018. Narcissistic rhetoric and

crowdfunding performance: A social role theory perspective [J]. Journal of Business Venturing, 33 (6): 780 - 812.

ARIF M M H, YAJUAN L, MAHMUD A, 2020. Regional development of China's inclusive finance through financial technology [J]. Sage Open, 10 (1): 1 - 16.

ARNER D, BARBERIS J, BUCKLEY R, 2015. The evolution of Fintech: A new post - crisis paradigm? [J]. Social Science Electronic Publishing, 147: 1271 - 1319.

ARNOLD I, EWIJK S, 2011. Can pure play internet banking survive the credit crisis? [J]. Journal of Banking & Finance, 35 (4): 783 - 793.

BAI J, CARVALHO D, PHILLIPS G, 2018. The impact of bank credit on labor reallocation and aggregate industry productivity [J]. The Journal of Finance, 73 (6): 2787 - 2836.

BARCLAY M J, SMITH JR C W, 1995. The maturity structure of corporate debt [J]. The Journal of Finance, 50 (2): 609 - 631.

BECK T, DEMIRGUC - KUNT A, LAEVEN L, MAKSIMOVIC V, 2006. The determinants of financing obstacles [J]. Journal of International Money and Finance, 25 (6): 932 - 952.

BERGER A N, ESPINOSA - VEGA M A, FRAME W S, et al., 2005. Debt maturity, risk, and asymmetric information [J]. The Journal of Finance, 60 (6): 2895 - 2923.

BERGER A N, FRAME W S, IOANNIDOU V, 2016. Reexamining the empirical relation between loan risk and collateral: The roles of collateral liquidity and types [J]. Journal of Financial Intermediation, 26: 28 - 46.

BERGER A N, MILLER N H, PETERSEN M A, et al., 2005. Does function follow organizational form? Evidence from the lending practices of large and small banks [J]. Journal of Financial Economics, 76 (2): 237 - 269.

BERGER A N, UDELL G F, 2006. A more complete conceptual framework for SME finance [J]. Journal of Banking and Finance, 30 (11): 2945 - 2966.

BERGER A N, 2003. The economic effects of technological progress: Evidence from the banking industry [J]. Journal of Money, Credit and Banking, 35 (2): 141 - 176.

BESSEMBINDER H, 1991. Forward contracts and firm value: Investment incentive and contracting effects [J]. Journal of Financial and Quantitative Analysis, 26 (4): 519 - 532.

BHARATH S, DAHIYA S, SAUNDERS A, SRINIVASAN A, 2007. So what do I get? The bank's view of lending relationships [J]. Journal of Financial Economics, 85: 368 - 419.

BOLLAERT H, SILANES F, SCHWIENBACHER A, 2021. Fintech and access to finance [J]. Journal of Corporate Finance, 2: 101941.

BOOT A W, THAKOR A V, UDELL G F, 1991. Secured lending and default risk: Equilibrium analysis, policy implications and empirical results [J]. Economic Journal, 101 (4): 406.

BRESNAHAN T, 1986. Measuring the spillovers from technical advance: mainframe computers in financial services [J]. The American Economic Review, 76 (4): 742 - 755.

BREWER H, 2001. E - Commerce and community banking [J]. Commercial Lending Review, 3: 48 - 52.

BUEHLMAIER M, WHITED T, 2018. Are financial constraints priced? Evidence from Textual Analysis [J]. Review of Financial Studies, 7: 2693 - 2728.

CABALLERO R J, HOSHI T, KASHYAP A K, 2008. Zombie lending and depressed restructuring in Japan [J]. American Economic Review, 98 (5): 1943 - 1977.

CALDERON C, SCHAECK K, 2016. The effects of government interventions in the financial sector on banking competition and the evolution of zombie banks [J]. Journal of Financial and Quantitative Analysis, 51 (4): 1391 - 1436.

CERQUEIRO G, ONGENA S, ROSZBACH K, 2016. Collateralization, bank loan rates and monitorin [J]. The Journal of Finance, 71 (3): 1295 - 1322.

CHAN Y S, KANATAS G, 1985. Asymmetric valuations and the role of collateral in loan agreements [J]. Journal of Money, Credit and Banking, 17 (1): 84 - 95.

CHEN D, HAN C, 2012. A Comparative Study of online P2P Lending in 'SA and China. [J]. Journal of Internet Banking & Commerce, 17 (2):

CHEN X, HUANG B, YE D, 2020. Gender gap in peer – to – peer lending: evidence from China [J]. Journal of Banking & Finance, 112: 105633.

CHEN Z, Y LI, Y WU, 2017. The transition from traditional banking to mobile internet finance: An organizational innovation perspective – a comparative study of Citibank and ICBC [J]. Financial Innovation, 3 (1): 16.

CHENG M, QU Y, 2020. Does bank FinTech reduce credit risk? Evidence from China [J]. Pacific – Basin Finance Journal, 63: 101398.

DEANGELO H, GONÇALVES A S, STULZ R M, 2018. Corporate deleveraging and financial flexibility [J]. The Review of Financial Studies, 31 (8): 3122 – 3174.

DeAngelo H, Roll R, 2015. How stable are corporate capital structures? [J]. The Journal of Finance, 70 (1): 373 – 418.

DELONG G, DEYOUNG R, 2007. Learning by observing: Information spillovers in the execution and valuation of commercial bank M&As [J]. The Journal of Finance, 62 (1): 181 – 216.

DEMERTZIS M, MERLER S, WOLFF G B, 2018. Capital markets union and the Fintech opportunity [J]. Journal of Financial Regulation, 4 (1): 157 – 165.

DIAMOND D W, 1991. Debt maturity structure and liquidity risk [J]. Quarterly Journal of Economics, 106 (3): 709 – 737.

DIAMOND D W. 2004, Presidential address, committing to commit: Short – term debt when enforcement is costly [J]. The Journal of Finance, 59 (4): 1447 – 1479.

DUARTE J, SIEGEL S, YOUNG L, 2012. Trust and credit: The role of appearance in peer – to – peer lending [J]. The Review of Financial Studies, 25 (8): 2455 – 2484.

EBRAHIM M S, HUSSAIN S, 2010. Financial development and asset valuation: The special case of real estate [J]. Journal of Banking & Finance, 34 (1): 150 – 162.

FACCIO M, MASULIS R W, MCCONNELL J J, 2006. Political connections and corporate bailouts [J]. Journal of Finance, 61 (6): 2597 – 2635.

FAN J P H, TITMAN S, TWITE G, 2012. An international comparison of capital structure and debt maturity choices [J]. Journal of Financial and Quantitative Analysis, 47 (1): 23 – 56.

FARHI E, TIROLE J, 2012. Collective moral hazard, maturity mismatch, and systemic bailouts [J]. American Economic Review, 102 (1): 60 -93.

FAZARRI S, HUBBARD R, PETERSEN B, 1988. Financing constraints and corporate investment [J]. Brookings Papers on Economic Activity, 1: 141 -206.

FLANNERY M J, 1986. Asymmetric information and risky debt maturity choice [J]. The Journal of Finance, 41 (1): 19 -37.

FRIEDMAN B M, 1999. The future of monetary policy [J]. International Finance, 2 (3): 321 -338.

FUKUDA S I, NAKAMURA J I, 2011. Why did "zombie" firms recover in Japan? [J]. World Economy, 34 (7): 1124 -1137.

FUSTER A, PLOSSER M, SCHNABL P, et al. , 2019. The role of technology in mortgage lending [J]. The Review of Financial Studies, 32 (5): 1854 -1899.

GABOR D, BROOKS S, 2017. The digital revolution in financial inclusion: International development in the fintech era [J]. New Political Economy, 22 (4), 423 -436.

GAI K, QIU M, SUN X, 2018. A survey on Fintech [J]. Journal of Network and Computer Applications, 103: 262 -273.

GAMAUT R L, SONG Y. YAO Y, WANG X, 2000. The emerging private enterprise in China [M]. Canberra, The National University of Australia Press.

GOMBER P, KOCH J A, SIERING M, 2017. Digital finance and Fintech: Current research and future research directions [J]. Journal of Business Economics, 87 (5): 537 -580.

GREENWALD B C, STIGLITZ J E, WEISS A, 1984. Informational imperfections in the capital market and macro - economic fluctuations [R]. National Bureau of Economic Research.

HADLOCK C J, PIERCEJR, 2010. New evidence on measuring financial constraints: Moving beyond the KZ index [J]. Review of Financial Studies, 23 (5): 1909 -1940.

HAINMUELLER J, 2012. Entropy balancing for causal effects: A multiva- reweighting method to produce balanced samples in observational studies litical Analysis, 20 (1): 25 -46.

HE Q, LI X, 2021. The failure of Chinese peer – to – peer lending platforms: Finance and politics [J]. Journal of Corporate Finance, 66: 101852.

HOSHI T, KASHYAP A K, 2004. Japan's financial crisis and economic stagnation [J]. Journal of Economic Perspectives, 18 (1): 3 – 26.

HOSHI T, KASHYAP A K, 2010. Will the US bank recapitalization succeed? Eight lessons from Japan [J]. Journal of Financial Economics, 97 (3): 398 – 417.

HOSHI T, KIM Y, 2013. Macroprudential policy and zombie lending in Korea [R]. San Diego: School of International Relations and Pacific Studies University of California.

HUA X, HUANG Y, ZHENG Y, 2019. Current practices, new insights, and emerging trends of financial technologies [J]. Industrial Management & Data Systems, 119 (7): 1401 – 1410.

ITAY G, WEI J, ANDREW K G, 2019. To Fintech and beyond [J]. Review of Financial Studies, 32 (5): 1647 – 1661.

IYER R, KHWAJA A I, LUTTMER E F P, et al., 2016. Screening peers softly: Inferring the quality of small borrowers [J]. Management Science, 62 (6): 1554 – 1577.

JAFFEE D M, RUSSELL T, 1976. Imperfect information, uncertainty, and credit rationing [J]. The Quarterly Journal of Economics, 90 (4): 651 – 666.

JAGTIANI J, LEMIEUX C, 2018. Do Fintech lenders penetrate areas that are underserved by traditional banks? [J]. Journal of Economics and Business, 100: 43 – 54.

JENSEN M C, MECKLING W H, 1976. Theory of the firm: Managerial behavior, agency costs and ownership structure [J]. Journal of Financial Economics, 3 (4): 305 – 360.

JIANG J, LIAO L, LU X, WANG Z, XIANG H, 2021. Deciphering big data in consumer credit evaluation [J]. Journal of Empirical Finance, 62 (2): 28 – 45.

KANE E J, 1987. Dangers of capital forbearance: The case of the FSLIC and "Zombie" S&Ls [J]. Contemporary Economic Policy, 5 (1): 77 – 83.

KAPLAN S N, ZINGALES L, 1997. Do investment – cash flow sensitivities provide useful measures of financing constraints? [J]. The Quarterly Journal of Economics, 112 (1): 169 – 215.

KOWALEWSKI O, PISANY P, 2023. The rise of Fintech: A cross – country perspective [J]. Technovation, 122: 102642.

KRIPPNER G R, 2005. The financialization of the American economy [J]. Socio – Economic Review, 3 (2): 173 – 208.

KWON H, NARITA F, NARITA M, 2015. Resource reallocation and zombie lending in Japan in the 1990s [J]. Review of Economic Dynamics, 18 (4): 709 – 732.

LAPAVITSAS C, SANTOS P, 2008. Globalization and contemporary banking: On the impact of new technology [J]. Contributions to Political Economy, 27: 31 – 56.

LI L, LOUTSKINA E, STRAHAN P E, 2023. Deposit market power, funding stability and long – term credit [J]. Journal of Monetary Economics, 138: 14 – 30.

LIN M, VISWANATHAN S, 2016. Home bias in online investments: An empirical study of an online crowdfunding market [J]. Management Science, 62 (5): 1393 – 1414.

MA Y, LIU D, 2017. Introduction to the special issue on crowdfunding and Fintech [J]. Financial Innovation, 3: 1 – 4.

MARCUS A J, 1984, Deregulation and bank financial policy [J]. Journal of Banking & Finance, 8 (4): 557 – 565.

MORRIS J R, 1976. On corporate debt maturity strategies [J]. The Journal of Finance, 31 (1): 29 – 37.

MYERS S C, MAJLUF N S, 1984. Corporate financing and investment decisions when firms have information that investors do not have [J]. Journal of Financial Economics, 13 (2): 187 – 221.

NISHIMURA K G, NAKAJIMA T, KIYOTA K, 2005. Does the natural selection mechanism still work in severe recessions?: Examination of the Japanese economy in the 1990s [J]. Journal of Economic Behavior & Organization, 58 (1): 53 – 78.

OHLSON J A, 1980. Financial ratios and the probabilistic prediction of bankruptcy [J]. Journal of Accounting Research, 109 – 131.

ÖZTEKIN Ö, FLANNERY M J, 2012. Institutional determinants of capital adjustment speeds [J]. Journal of Financial Economics, 103 (1):

88 – 112.

PEEK J, ROSENGREN E S, 2005. Unnatural selection: Perverse incentives and the misallocation of credit in Japan [J]. American Economic Review, 95 (4): 1144 – 1166.

PHAN D, NARAYAN P K, RAHMAN R E, HUTABARAT A R, 2020. Do financial technology firms influence bank performance? [J]. Pacific – Basin Finance Journal, 62: 101210.

PITTMAN J A, FORTIN S, 2004. Auditor choice and the cost of debt capital for newly public firms [J]. Journal of Accounting and Economics, 37 (1): 113 – 136.

POPE D G, SYDNOR J R, 2011. What's in a picture?: Evidence of discrimination from Prosper. com [J]. Journal of Human Resources, 46 (1): 53 – 92.

PUSCHMANN T, 2017. Fintech [J]. Business & Information Systems Engineering, 59: 69 – 76.

RAJAN R G, 1992. Insiders and outsiders: The choice between informed and arm – length debt [J]. Journal of Finance, 47 (4): 1367 – 1400.

RIPBERGER J T, 2011. Capturing curiosity: Using internet search trends to measure public attentiveness [J]. Policy Studies Journal, 39 (2): 239 – 259.

ROBBINS L, 1932. The nature and significance of economic science [J]. The Philosophy of Economics: An Anthology, 1: 73 – 99.

ROGER N, 1999. Confront E – commence and security issues [J]. Credit Union Magazine, 9 (65): 25 – 37.

SAFEENA R, KAMMANI A, DATE H, 2014. Assessment of internet banking adoption: An empirical analysis [J]. Arabian Journal for Science and Engineering, 39: 837 – 849.

SCHUEFFEL P M, 2016. Taming the beast: A scientific definition of Fintech [J]. Journal of Inovation Management, 4 (4): 32 – 54.

SHAHROKHI M, 2008. E – finance: Status, innovations, resources and future challenges [J]. Managerial Finance, 34 (6): 365 – 398.

SHENG T, 2021. The effect of Fintech on banks' credit provision to SMEs: Evidence from China [J]. Finance Research Letters, 39: 101558.

SLOVINEC M, 2006. Digital money and monetary policy [J]. Biatec,

14 (3): 12 – 14.

STAMP J C, 1931. The report of the Macmillan Committee [J]. The Economic Journal, 41 (163): 424 – 435.

STIGLITZ J E, WEISS A, 1981. Credit rationing in markets with imperfect information [J]. The American Economic Review, 71 (3): 393 – 410.

STRAUSZ R A, 2017. Theory of crowdfunding: A mechanism design approach with demand uncertainty and moral hazard [J]. The American Economic Review, 107 (6): 1430 – 1476.

TANG H, 2019. Peer – to – peer lenders versus banks: Substitutes or complements? [J]. The Review of Financial Studies, 32 (5): 1900 – 1938.

ZAVOLOKINA L, DOLATA M, SCHWABE G, 2016. The Fintech phenomenon: Antecedents of financial innovation perceived by the popular press [J]. Financial Innovation, 2 (1): 16.

ZHANG A, WANG S, LIU B, LIU P, 2022. How fintech impacts pre – and post – loan risk in Chinese commercial banks [J]. International Journal of Finance & Economics, 27 (2): 2514 – 2529.

ZHANG X, TAN Y, HU Z, WANG C, WAN G, 2020. The trickle – down effect of Fintech development: From the perspective of urbanization [J]. China & World Economy, 28 (1): 23 – 40.

ZHOU X, CHEN S, 2021. Fintech innovation regulation based on reputation theory with the participation of new media [J]. Pacific – Basin Finance Journal, 67: 101565.

图书在版编目（CIP）数据
经济高质量发展背景下金融科技与信贷资源配置研究 / 解维敏著. -- 北京 : 中国财政经济出版社, 2025. 7.
ISBN 978-7-5223-3946-7
Ⅰ. F832.4
中国国家版本馆CIP数据核字第2025E2D960号

责任编辑：樊清玉　温彦君　　责任校对：张　凡
封面设计：陈宇琰　　责任印制：史大鹏

经济高质量发展背景下金融科技与信贷资源配置研究
JINGJI GAOZHILIANG FAZHAN BEIJING XIA JINRONG KEJI YU XINDAI ZIYUAN PEIZHI YANJIU

中国财政经济出版社 出版
URL：http：//www. cfeph. cn
E－mail：cfeph@ cfeph. cn

社址：北京市海淀区阜成路甲 28 号　邮政编码：100142
营销中心电话：010－88191522
天猫网店：中国财政经济出版社旗舰店
网址：https：//zgczjjcbs. tmall. com
涿州汇美亿浓印刷有限公司印刷　各地新华书店经销
成品尺寸：165mm×238mm　16 开　13. 25 印张　225 000 字
2025 年 7 月第 1 版　2025 年 7 月河北第 1 次印刷
定价：63. 00 元
ISBN 978－7－5223－3946－7
（图书出现印装问题，本社负责调换，电话：010－88190548）
本社质量投诉电话：010－88190744
打击盗版举报热线：010－88191661　QQ：2242791300